Karola Aselmeyer

Kindermund und andere Schicksalsschläge

am Rande des Harzes

"Ihr wenn denkt, ich bin doof!"

videel

ISBN 3-89906-137-3

http://www.videel.de

Gesamtherstellung: videel, Niebüll

Umschlaggestaltung: Frank Davidsen, Leck
Satz: Broder Clausen, Niebüll

Kurze Zusammenfassung des Inhalts

Drei Schwestern wachsen in Langelsheim, einem kleinen Ort am Rande des Harzes, auf. Der Vater ist im Krieg, dann lange in Gefangenschaft, und die Mutter führt für ihn ein Tagebuch mit köstlichen Kindermundgeschichten.

Er kommt aus Rußland zurück, und die Aufbaujahre beginnen.

1955 vergrößert sich die Familie um Zwillinge, und dieses Pärchen stellt noch mehr "Schandtaten" an.

Das Ganze wird höchst unterhaltsam von der dritten Tochter erzählt, die die mütterlichen Aufzeichnungen ausarbeitete und viele eigene, meist amüsante Erlebnisse einfügte.

Bei allem Spaß erfährt der Leser nebenbei etwas vom Zeitgeschehen und dem damaligen Leben auf dem Lande.

Ein fast authentischer Familienreport mit Lokalkolorit, der nicht nur Erwachsene zum Lachen bringt!

Es gibt nichts Nützlicheres und Gesünderes im fortgeschrittenen Alter, als ein gutes Gedächtnis, besonders in Verbindung mit der Kindheit und dem Zuhause.

Wen viele solcher Erinnerungen im Leben begleiten, ist gut behütet bis zum Ende seiner Tage, und wenn wir nur eine einzige gute Erinnerung im Herzen behalten, kann sie vielleicht einmal für uns zum Rettungsanker werden.

Fjodor Dostojewski

Vorgeschichte

Der schwärzeste Tag in meinem ganzen Leben war der, an dem mein Mann starb. Ich fühlte mich wie eine übriggebliebene Hälfte von etwas Ganzem, wie teilamputiert, richtig unvollständig.

Ich meinte, die Welt müsse nun "den Atem anhalten", aber natürlich wechselten sich die Tage und Nächte weiterhin ab, so, als sei gar nichts passiert.

In der darauffolgenden Zeit galt es, sehr viele Entscheidungen zu treffen, und vieles mußte geregelt werden, deshalb war ich stets eingespannt. Ich nahm mir fest vor, wenigstens zu funktionieren, damit alles geordnet weiterging.

Glücklicherweise wohnte mein Sohn noch bei mir, und im Jahr darauf absolvierte er seinen Diplomabschluß. Das war für mich seit Jahren der erste Anlaß, mal wieder etwas Freude zu empfinden. Acht Monate später zog er dann bei mir aus, um sich seinem Alter entsprechend "auf eigene Füße zu stellen".

Zu dieser Zeit beschäftigte ich mich sehr intensiv mit meinem neuen Hobby, CDs selbst zusammenzustellen und zu brennen. Ich hatte nämlich bemerkt, daß nur Musik bei mir einen bescheidenen Anflug von Lebensfreude auslösen konnte. Also nervte ich der Reihe nach all meine Bekannten, die CDs besaßen, mit Anrufen, Sichten, Ausborgen und Rückgabe der Scheiben. Irgendwann hatte ich alle "durch", und die Belästigungen meinerseits nahmen ein Ende...

Inzwischen besitze ich eine umfangreiche Musikauswahl, die mich oft erfreut, aber vorläufig erstmal ausreicht.

Kreative Menschen habe ich immer beneidet um ihr künstlerisches Talent, selbst etwas Schönes und Bleibendes zu produzieren. Ich fragte mich: Wo liegen eigentlich <u>meine</u> kleinen Begabungen?

Sport, Musik und Deutsch waren in der Schulzeit meine Lieblingsfächer, und zwar in dieser Reihenfolge.

Das von mir sehr geliebte Tennisspielen ist jedoch kaum noch möglich, da meine Wirbelsäule dabei nicht "mitspielen" will. Dadurch ergibt sich für mich leider ein erheblicher Verlust an Lebensqualität.

Ergo bleibt nur noch meine Freude am Schreiben übrig.

In meiner Schulzeit freute ich mich zum Beispiel auf Diktate und besonders auf Aufsätze, wenn andere stöhnten. In der 9.Klasse mußten wir eine Facharbeit und in der 10. eine Jahresarbeit abliefern, und beide Male wählte ich, ohne überhaupt zu überlegen, das Fach Deutsch.

Mein Mann hat oft zu mir gesagt: "Ich habe die Kriterien erfüllt: Sohn, Haus, Baum – das Buch überlasse ich dir. Schreib doch mal was Richtiges, das liegt dir! Mach was draus, sonst bleiben das für immer 'brotlose Künste'!"

Aber worüber soll man schreiben, wenn man nur ein stinknormales Leben geführt hat? Wen interessiert das überhaupt? Wäre es für mich etwas Sinnvolles und eventuell eine gute Tat, im Altenheim manchmal davon vorzulesen?

Plötzlich fiel mir das noch in Sütterlin geschriebene Tagebuch meiner Mutter ein, das sowieso zu schade dazu ist, unbeachtet und fast vergessen im Schrank zu liegen.

Schlagartig stand mein Entschluß nun fest, diesen "Kindermund-Report" meiner Mutter auszuarbeiten, egal, was dabei 'rauskommt. Natürlich ohne jeglichen literarischen Anspruch – einfach nur, wie mir "der Schnabel gewachsen ist". Meinetwegen auch nur zur Belustigung meiner Geschwister und unserer Nachkommen.

Also: Auf zu neuen Ufern!

Alles ist besser, als wieder in Depression zu verfallen.

Für

Horst

Prolog

Meine Eltern haben im Juni 1941 geheiratet. Schon ein Jahr später, im Mai, kam die erste Tochter zur Welt. Mein Vater mußte Soldat werden, und immer, wenn er Fronturlaub hatte, "war es wieder passiert" – das zweite Kind, erneut ein Mädchen, wurde im Juli '43 geboren. Ja, das waren eben noch andere Zeiten – die Kinder kamen einfach an, ob man wollte oder nicht!

Zum Glück wohnten wir ländlich, im Haus der Großeltern, besaßen Land, Vieh, einen großen Garten für Obst und Gemüse und hatten die sogenannte "Holzberechtigung". So mußten wir im Gegensatz zu vielen anderen Menschen in dieser bösen Kriegszeit nie Hunger leiden, obwohl Bargeld immer knapp war.

Als mein Vater das nächste Mal auf Urlaub kam, war es gleichzeitig ein Genesungsurlaub, denn er hatte sich auf Sizilien eine Malaria eingefangen. Die Freundin meiner Mutter meinte noch sehr klug, diese Krankheit habe wohl immerhin den Vorteil, daß er zur Zeit kein Kind zeugen könne ... Als Papa ein paar Wochen später wieder abreisen mußte, wurde Mutti auf dem Weg zum Bahnhof dauernd übel. Sie wußten beide sofort, daß "es leider wieder geklappt hatte". Und das in diesen ungewissen Zeiten!

Neun Monate später, Anfang '45, wurde ich (oh Gott, wieder kein Stammhalter!) geboren. Oma und Mama mußten es diesmal ganz alleine schaffen, denn ich hatte es sehr eilig, auf die Welt zu kommen. Unsere alte Hebamme war ohnehin nicht mehr die Schnellste, und da die Straßen spiegelglatt von Eisregen waren, schlitterte sie lieber zu Fuß zu uns und nicht mit ihrem altbewährten "Stahlroß". Als sie endlich bei uns ankam, ächzte und stöhnte sie zum Gotterbarmen, war in Schweiß gebadet und keuchte meiner Mutter entgegen:

"Mäken, nau mot eck meck aver erstemal erholen von 'disse' schwere Geburt!"

Ich lag derweil bereits gewickelt und gewindelt in unserer blauen Familienwiege.

Einen Monat später stand mein Erzeuger auf Heimaturlaub vor dem Wickeltisch und pulte meine Windeln ungläubig eigenhändig auseinander, um sich höchstpersönlich davon zu überzeugen, daß dies Kind nun wirklich wieder kein Junge war. Er nahm diese Tatsache jedoch recht gelassen hin – hatte er doch inzwischen so viele Kriegstragödien erleben müssen, daß dieser Schicksalsschlag richtig besehen eigentlich überhaupt keiner war...

Meiner Mutter tat es furchtbar leid, daß sie ihrem "Männi" nun wieder nicht den ersehnten Sohn geschenkt hatte, und entschuldigte sich regelrecht bei ihm dafür. Ha, heute weiß jeder halbwegs aufgeklärte Mensch, daß der M a n n bitteschön das Geschlecht des Nachwuchses bestimmt!... Sie ließ keine Gelegenheit aus, ihrem Mann das "Kleinchen", wie sie mich nannte, warm an's Herz zu legen. Wenn ich heute ihr Tagebuch lese, überkommt mich immer das Gefühl, sie macht ihm dieses dritte weibliche Kind möglichst unauffällig mit lobenden Worten "schmackhaft". Dabei war's gar nicht nötig, denn er hatte sein Nesthäkchen schon längst ins Herz geschlossen.

Später geriet er in russische Kriegsgefangenschaft. Er hatte sich ein Bild von uns Dreien so berissen, daß nur noch

unsere Köpfe darauf übrigblieben und dann ins Futter seiner Jacke eingenäht. Das Einzige, was ihn aufrechthielt, war der Gedanke an eine Heimkehr in sein Dreimädelhaus und zu seinem geliebten "Puttchen" – so nannte er Mutti immer.

Mama begann zu der Zeit, zwei Tagebücher für ihn zu führen. Eins war persönlicher Natur, beinhaltete Gefühle, Gedanken, tägliche Sorgen, kleine Freuden und das Bangen um die Zukunft. Das andere betraf nur uns Kinder und die Entwicklung unserer kleinen unterschiedlichen Persönlichkeiten, vor allem aber unseren fast schon unglaublichen "Kindermund". Papa sollte, wenn er aus der Gefangenschaft zurückkehrte, nachvollziehen können, was an Unwiederbringlichem in diesen für ihn verlorenen Jahren passiert war.

Gunni, Helmi und ich waren der Inhalt ihres Lebens und seine einzige Hoffnung auf eine bessere Zukunft.

Kindermund

Hier nun der 1. Auszug aus dem Kindertagebuch meiner Mutter (für so etwas hatte man früher abends Zeit – es gab ja noch keinen Fernseher!):

Langelsheim, Mai 1945

Die beiden "Großen" sind sich selten über etwas einig, außer in ihrer Zärtlichkeit zu "Lola" (Helmi kann ihren Namen nicht anders aussprechen). Unser Kleinchen ist aber auch ein geradezu mustergültiges Kind. Bisher bemerkte ich kaum, daß ein drittes da ist. Mein Lieber, wie gern hätte ich Dir einen Stammhalter gegönnt, aber glaube mir, dieses Kind ist so lieb und artig, man muß es einfach gern haben.

Obwohl Gunni, so altklug wie sie immer ist, sie "eigentlich aus dem Fenster werfen" wollte, weil's nicht der erhoffte Bruder war... Du weißt, daß sie stets mit ihrer kleinen Schnute vorweg ist – entgegen dieser Aussage umhegt und umsorgt sie die kleine Schwester jedoch sehr liebevoll.

Kinderschwester-Helferin

Gestern wickelte ich das Baby. Gunni wollte mir dabei helfen. Sie schaute sich die "Bescherung" naserümpfend an, holte tief Luft, hielt sich die Nase dann zu und platzte heraus: "Da könnte man doch glatt danebenwürgen!", machte auf dem Absatz kehrt und flüchtete regelrecht aus dem Zimmer.

Als Lola mal wieder ins Höschen "ballert" hatte, riet sie mir ganz naseweis: "Steck ihr doch einfach 'en Proppen in'n Hintern!".

Kluges Kind

Neulich weinte Lola mal kräftig in ihrem Kinderwagen. Oma fuhr zur Beruhigung mit dem Wagen etwas hin und her. Plötzlich tadelte Gunni sie kopfschüttelnd: "Von Fahr'n kann die ja woll auch nich satt wer'n, die muß den Bauch haben bei Mutti!".

Fleißige Kinder

Helmi fragt den ganzen Tag: "Wo denn Gunni is?" Doch kaum sind sie zusammen, zanken sie sich. Heute waren sie sich mal einig und wollten fleißig sein. Sie hatten meinen guten Schrubber mehrmals in die Jauchegrube getunkt, um den Boden des Außenhofs damit zu scheuern. Es stank bestialisch!

Einige Tage vorher kam ich gerade noch rechtzeitig, um Helmi davon abzuhalten, draußen auf dem Hof ihren Apfel im wassergefüllten Töpfchen von Lola abzuspülen.

Februar 1946

Unser Lolaken läuft seit dem 18. und ist nun auch schon fast sauber. Sie wird von der Wildheit der Großen manchmal richtig angesteckt. So brav wie bisher ist sie längst nicht mehr. Am liebsten sitzt sie neuerdings auf der Fensterbank und beobachtet das Geschehen von oben mit gutem Überblick (sie ist eben ein "Steinbock"), gibt von dort aus kleine Kommentare ab und besitzt ein unglaublich lebhaftes Mienenspiel.

Revanche

Als Gunni ihren Geburtstag feierte, bescherte Helmi ihr eine unerfreuliche Überraschung. Der Süßigkeitenteller war fast leer. Helmi hatte sich darüber hergemacht unter Zuhilfenahme einer Fußbank. Gunni rief: "Mama, da is ja gar nix mehr drauf!".

Helmi stand schuldbewußt daneben, zog die Nase kraus und wischte sich verstohlen die Reste der Schokolade aus dem Gesicht.

Als Helmi jetzt Geburtstag hatte, nahm Gunni bittere Rache: Auf Helmis Teller lagen nur noch einsame Krümel.

Sie setzte zum Protestgeschrei an, aber Gunni kam ihr zuvor und schrie sie an: "Du hast ja damals auch meinen Teller blankgeputzt, un Schwesterchen sollen sich immer was abschenken – un behaupt sag ich bieso alles mein Papa, wenn er wiederkommt aus Rußland!".

Helmi hat Gunni beim Spielen unbeabsichtigt mit irgend etwas geratscht. Da es anfing zu bluten, beschwerte sich Gunni anklagend: "Jetzt muß ich woll bestimmt ins 'kranke Haus'?" Darauf Helmi: "Ich aber auch, du!" Gunni nun geringschätzig, "Och, was hast denn du?" Die Antwort lautete voll Überzeugungskraft: "Ich ha Hunger!".

Unsere Helmi ist nämlich recht verfressen. Sobald das Essen auf den Tisch kommt, schnappt sie sich einen Löffel und ruft ganz aufgeregt: "Wo komm ich hin?". Besonders gern schleckt sie "Banilljensoße".

Ansonsten teilt sie aber sofort alles gerne mit ihren Schwestern. Gunni kann sich fürs Teilen offensichtlich gar nicht so begeistern. Helmi gibt gerne und betont extra: "Gunni nicht 'piert' (gepiert) hat, ich das ganz aselber schenkt!".

Eines Tages gab es wieder mal Streit wegen irgend etwas. Gunni hatte Helmi eine geknallt. Zu aller Überraschung haute die jedoch zurück und rief: "Staunste, du, ich mich aber nich alles fallen lasse!".

Gunni wollte Helmi letztens ausnahmsweise großzügig von ihrer Schokolade "kosten" lassen. Die aß sie unbekümmert gleich ganz auf – da rief Gunni entsetzt: "Oh Gottchen, die freßt die ja r i c h t i g auf!!!".

1946

Gunni bezeichnet alles, was schmutzig ist, mit igittigitt und alles, was sie aufregt, mit Ohgottogott.

Helmi und Gunni lieben es, gemeinsam auf ihren Töpfchen zu sitzen. Gunni will ihrer kleinen Schwester unbedingt dabei Gesellschaft leisten. Die Ergebnisse ihrer Bemühungen werden dann in aller Unschuld gegenseitig stolz präsentiert. Gunni winkte geringschätzig ab, als Helmi mal nichts vorzuweisen hatte: "Pipi zählt nich, das is doch bloß so'n bißchen klares Wasser!". Sie hatte als Ältere natürlich, wie es ihr zustand, die bessere Leistung erbracht...

1947

Gunni und Helmi streuten heute bei einer Trauung die Blumen vor dem Brautpaar aus. Hinterher berichteten sie davon. Helmi hielt den Pastor aus unerfindlichen Gründen für den Weihnachtsmann und wußte die ganze Angelegenheit nicht richtig einzuordnen. Sie fand das Blumenstreuen so schön, daß sie daran gehindert werden mußte, die Blümchen hinter dem Brautpaar wieder aufzusammeln.

Gunni erzählte, der Pastor habe dem Bräutigam erst die Ringe weggenommen, sie ihm aber nach ein bißchen Gerede darüber später wieder "rausgerückt".

Außerdem fragte sie mich: "Mama, wer war der Mann anner Wand, der hing da so, und hatte en Rad auf'm Kopf mit lauter Gräten dran??!!".

Lachen und anschließend diese Geschichte erklären - oh je!

1948

Unsere Kleine ist ein goldiges Kerlchen. An ihrem Geburtstag verdunkelte ich das Zimmer und steckte Kerzen an. Sie blies sie sofort aus, als sie ins Zimmer kam, bemerkte dann die Dunkelheit und rief: "Au wei, BuBu tommt! Hicht, Hicht! Aufmach!".

Sie selbst nennt sich Kakahola, ich bin für sie Tutti, Gunni ist Ninni und Helmi Emi.

Sie läßt sich noch immer gerne von Oma in deren "Mantele" herumtragen. Das ist eine große Decke, rund um den Körper geschlagen, worin das Kind vor dem Bauch mit eingewickelt wird; dadurch bleiben die Hände frei.

Was Lola denkt und sagen will, drückt sie ganz allerliebst aus. Vorwiegend mit Händen und Füßen, immer jedoch mit unglaublich wechselvollem Mienenspiel. Ich könnte sie stundenlang beobachten.

Ein S kann sie nicht aussprechen. Sie sagt Lofa, Leife, Land, lingen für singen, Luhl ist Stuhl, Fisch ist Fif, Kartoffeln sind Tüttüs und Füße Füff. Alles betont sie so ulkig, spricht mit spitzer Zunge und ist ganz wonnig in ihrer frischen Lebendigkeit.

Sie erfindet die komischsten Wortbildungen: Kartoffelklöße sind Katüttü-kööche, Kinderbett ist Ningerbett, Schlafzimmer Laf-ljimmer, Ljigarett-rauch mag sie gar nicht und Bohnensuppe ist Bohnwupp.

Gunni behauptet, Lola sei unser Drollmatz.

'48

Unsere drei "Orgelpfeifen" sind unzertrennlich. Helmi ist ohnehin Gunnis kleiner Trabant. Lola wird in ihr neues Tretauto gesetzt und muß überall mit hin, außerdem der Puppenwagen, in dem oft noch die Katze schnurrt. So tauchen sie anschließend bei Tante Lene auf und bekommen von ihr meistens etwas zu essen. Helmi klagt später manchmal: "Mama, Gunni is 'ne olle Hexe, die will mir nie was abgeben von Tante Lene ihr 'Ziegenbrot'!" Das ist eine Brotscheibe mit Ziegenbutter bestrichen.

Wenn ich die Kinder abends ins Bett bringe, lese ich ihnen immer erst eine Geschichte aus ihren Märchenbüchern vor und beantworte ihre Fragen anschließend so gut ich kann.

Dann wird gebetet, und sie vergessen ihren Papi dabei nicht. Das Nachtgebet der beiden Großen lautet in etwa: "Lieber Gott, schick uns bald unser' Papi wieder, daß wir uns freu'n könn', un de bösen Russen ihn nich behalten, un die geben ihn bieso nichts zu essen."

Normalerweise beten sie: "Ich bin klein, mein Herz ist rein, soll niemand drin wohnen als Jesus allein." Oder: "Müde bin ich, geh zur Ruh, schließe beide Äuglein zu, Vater, laß die Augen dein über meinem Bette sein." Gunni wollte mal schneller fertig sein und rasselte herunter: "Schließe müde beide Äugelein, Vater, laß das über meinem Bette sein! Fertig!"

Abschließend "mummele" ich jede fest in ihr Zudeck ein, und nach diesen Ritualen schlafen sie meist rasch ein.

Gunni fragte neulich, ob man auch Gänse melken könne...

Ostern sollte sie ihre Nester-Ausbeute teilen, weil ihr Körbchen am vollsten war, aber sie protestierte heftig:

"Nöö, das seh ich nun nich ein – da muß jeder für sich selbst aufpassen – ich hab schnell genuch gekuckt, und wenn die nich für sich selber sorgen könn' – nee, nee!!"

Das Kind hat die Zeichen der Zeit voll erfaßt! Sie ist übrigens auch sehr neugierig, sieht und hört fast alles, besonders Dinge, die sie gar nicht mitkriegen soll!

'48

Lola streckt neuerdings gerne die Zunge raus und kneift alle, die ihr zu nahe kommen, in den Po. Wer nicht pariert, wird von ihren kleinen Händchen auch schon mal "verdroschen". Man kann ihr nie böse sein, weil sie bei allem so urkomisch und drollig wirkt.

Nun formt sie schon ganze Sätze, aber alles total verdreht, zum Beispiel: "Ich dir deiner Bett komm, ich dir mollig mach" - oder "Du Tomatwupp koch heut?" – "Meiner armer Ninni fiert in Locken (Socken) heut'", und letztens ausdrucksstark: "Meiner lieber Papi gaanch gooch (ganz groß) is", und dabei streckte sie die Arme nach oben.

Sie turnt und springt, als hätte sie gar keine Knochen im Leib. Sie hat eine sehr schlanke Taille, obwohl sie mehr als die Großen ißt.

"Mama, du mal kuckt, wie ich kann tobt (turnen)", ruft sie oft. Sie liebt Musik über alles, wippelt mit dem kleinen Hinterteil hin und her und macht schon richtige Schritte im Takt dazu. Vielleicht ziehen wir ja eine Tänzerin groß.

Tante Ernas Staubsauger ist ihr nicht geheuer, sie nennt ihn "Knurre-Knurre" und macht einen großen Bogen um ihn.

Pures Entsetzen löst Onkel Timpes Moped bei ihr aus, wenn er damit um die Ecke knattert. Das Moped ist für sie "Töf-Töf", und sie hält sich Ohren und Nase zu.

'48

Gestern bewies die Kleine mal wieder ihren Einfallsreichtum. Sie stand in einer tiefen Regenpfütze, hatte Opa's alten Gartenhut in beiden Händen und schöpfte damit Wasser. Wenn der Hut voll genug war, stülpte sie ihn über ihren kleinen Kopf und sagte jedesmal "Pah!". Ich lief eilig auf sie zu und wollte sie davon abhalten. Sie lachte mich an und erklärte mir spitzbübisch: "Ich Haare wasch, sauber mach mit Duusse!".

Ringelreihe in
Langelsheims Badeanstalt

Lola hat die Finger
im Schokoladenpudding

Lola probiert das neue
Tretauto aus

Das neue Lämmchen
bekommt die Flasche

Zähneputzen an Opas
Waschgestell

Gunni, Helmi und Lola
spielen Kasperletheater

Fast jeden Tag fällt ihr irgend etwas Ausgefallenes ein. Vorige Woche probierte sie zum Erschauern von Tante Timpe aus, wie wohl ein Regenwurm schmecken könnte. Sie hatte ein Stück abgebissen, dann aber befunden, daß er nicht so lecker schmeckte, und wieder ausgespuckt. Tante Timpe stand der Ekel im Gesicht, als sie mir davon berichtete, und sie grauste sich noch nachträglich davor.

Alles Mögliche muß Lola erst "anschmecken", letztens auch Blumenerde. Ich lief schnell mit ihr an den Ausguß, um ihren Mund rasch auszuwaschen, aber der war bereits wieder blank.

Mutter sagt, ich solle mich nicht darüber aufregen, denn Dreck reinige den Magen. Unser Arzt vertritt die gleiche Meinung. Er sagt, je mehr Bakterien, desto besser das Abwehrsystem.

Man muß gewaltig aufpassen, was man sagt, die Kinder schnappen alles auf.

Vor einigen Tagen erklärte mir Gunni naseweis: "Ja, Mama, ich hätte dir ja gerne Schokolade mitgebracht, aber eh' ich mit'n Tommy ausgeh', hab ich lieber selber keine!" Sie meinte damit die in der Nähe stationierten Engländer.

Heute wußte sie zu berichten, daß bei Tante Christa die Mutti von Regina wohnt, "die ist ein Tommy-Liebchen, aber die Oma von Regina nicht. Die Alte traut sich da wohl nicht mehr hin!"

Lola bezeichnet jeden Tommy als "ollen Feinahund". Wo hat sie diesen Ausdruck nur wieder gehört?

Helmi tönte gestern: "Die Frau Sizia in der Vase hat schon Glüten!"

Letztens kam sie abends nochmals die Treppe runter, obwohl sie alle längst schlafen sollten. Sie verteidigte sich damit, daß das Radio zu laut sei: "Wir können nicht schlafen, wir hören zu laut den Gesung!"

Alle drei sind sehr erfindungsreich, wenn es darum geht, nicht gleich zu schlafen. Gunni tappte mal mit diesen Ausführungen an: "Da hat mir doch eben einer einen Schrecken in die Knochen gegeben, ich dachte, der sitzt da inne Ecke inne Hucke – das wollte ich dir nur noch sagen!". Lola erklärte zu diesem Thema: "Ich sage immer zu die fechen Geister: Ssluß, Licht aus und Sslafen – basta!".

'48

Helmi hat sich die Blase verkühlt. Sie fragt: "Mama, wo auf'n Bauch sitzt bloß die Blase, ich kann die gar nich seh'n?!"

Sie mußte stark husten und weinte, wurde aber sofort von Lola mit den Worten getröstet: "Bis du heihatet, das is wieder deich weg!"

Letztens ermahnte Helmi Gunni: "Mach die Flasche besser wieder zu, sonst geht der ganze 'Sauerkohl' davon!"

Lola neckt andere gerne, dazu ist sie eigentlich immer aufgelegt. "Helmi, du Dicke!" ruft sie zum Beispiel, lacht dann aber, und Helmi bekommt einen freundschaftlichen Klaps.

Neuerdings hält sie sich dauernd bei den neuen, kleinen Lämmchen im Stall auf, liest und singt ihnen was vor (sie kann natürlich noch nicht lesen) und packt sie mit Lumpen-Kissen auf das alte Stall-'Lofa'. Es ist herzerwärmend, dies idyllische Bild zu betrachten!

Soll ich denn imma inne Höhre kuckt?

Lola ist erfrischend putzig in ihrer Art, beobachtet alles jedoch sehr genau. Vergesse ich sie mal bei irgendwas, dreht sie den Kopf hin und her und erklärt dazu empört: "Ich kuckt un' kuckt – ich kieg nichts, was? Soll ich denn imma inne Höhre kuckt?"

Als Mutter einmal früher mit der Mahlzeit anfing als wir, wies sie sie ärgerlich zurecht: "Kann du nich solange wart, bis wir alle eßt?"

Gunni fand dann beim Essen in den Haferflocken Hülsen und fragte mich, ob sie 'diese komischen Fingernägel' etwa mitessen müsse.

'48

Unsere Große jagte mir letzte Woche einen gewaltigen Schrecken ein. Sie wollte mit meinen hauchzarten Seidenstrümpfen an den Füßen (die ich sehr hüte und seltenst trage) abends noch mal antapsen, rutschte aus und stürzte ein paar Treppenstufen herunter. Sie schlug mit dem Kopf auf und blutete stark. Wir mußten die Wunde vom Arzt nähen lassen. Inzwischen zeigt sie ihre Verletzung überall stolz vor. Helmi spielt gerne für sie die Krankenschwester. Als sie die Wunde das erstemal sah, rief sie ganz mitleidig: "Himmelswillen, dir fehlt ja ein Stück Kopf!".

Gunni läßt sich trotzdem ihren guten Appetit nicht verderben. Oma diktierte Tante Erna gestern das Rezept für einen besonders leckeren Kuchen, plötzlich meine Gunni: "Hört bloß auf von diesem Streuselkuchen, mir tut schon direkt meine Zunge weh, wenn ich das hör'!".

Zu ihrem Geburtstag wollte ich mal wieder ein bißchen echten Bohnenkaffee für die Erwachsenen kochen. Normalerweise können wir uns nur "Muckefuck" leisten. Leider verschüttete ich etwas von dem wertvollen Kaffeemehl. Gunni zog die Luft ein, blies sie wieder aus, schüttelte warnend den Kopf und sagte: "Nun weißt du ja, was dir blüht!" Dazu erfolgte die passende Handbewegung...

Eine allgemein bekannte Warnung vor Unart lautet bei uns: "Paß bloß auf – Opa soll wohl mit dem Leibriemen rasseln!". Das ist der Lederriemen mit den Knoten an den Enden aus der Werkstatt. Er kam allerdings noch nicht zum Einsatz, denn wir bevorzugen die "Handarbeit"!

'48

Neulich kam Helmi nach Hause und verströmte einen fürchterlichen Geruch. Sie antwortete auf meine Frage nach dem Grund dafür mit mitleidigem Ton: "Da war ein Pony anner Straße, das stand im Regen und kuckte so traurig – da hab' ich gesagt, na, Hottemax, ich wisch dich jetzt mit meinem Mantel ab, und dann war es gleich wieder froher!"

Oh je, nun habe ich eine weitere Sorge, denn ich glaube, dieser Wollmantel ist nicht mehr zu retten.

Trotz dieser schlechten Zeiten schaffte ich es irgendwie, für Gunni zum Geburtstag schöne Geschenke aufzutreiben. Sie hatte viel Besuch, war sehr aufgeregt und wieselte zwischen ihren Gästen hin und her. Abends gestand ich ihr, daß ich etwas enttäuscht sei, weil sie sich gar nicht richtig bedankt habe. Sie schaute mich erstaunt an und fragte: "Hab ich denn die Geschenke von dir? Ich dachte, die sind von dem Geburtstagsmann!?".

Wir haben mehrere Vogelnester in Hecken und Bäumen. Eins davon hat wohl die Katze geplündert. Lola sah das leere

Nest liegen und bedauerte höchst betroffen: "Oh, wie ssade, die kleinen Vögelchen waren doch grade erst geborgt (geboren)!"

Gestern stellte sie fest: "Im Garten ham wer drekt schon Kladderjolen!".

Osterlämmchen

Die neuen Lämmchen sind da. Das eine war etwas mickerig, also hat Mutter uns zu Ostern mal einen Lammbraten bereitet.

Irgendwie müssen die Kinder was gemerkt haben, vielleicht an der Anzahl der Lämmer?

Sie saßen jedenfalls verstockt am Tisch, schauten mißtrauisch auf die Fleischstücke und weigerten sich, davon zu essen. Gunni fragte: "Oma, wo ist eigentlich die Liese geblieben?" (So hieß das Lämmchen). Oma antwortete nach kurzem Durchatmen, Liese sei an einen Bauern im Nachbarort verkauft worden. Ich fügte schnell hinzu: "Der Bauer hat ein Schaf, das ganz traurig war, weil ihr Kleines gestorben ist." Helmi hatte beinahe Tränen in den Augen und seufzte erleichtert: "Dann können wir Liese ja mal besuchen." Trotzdem wollte kein Kind von dem Braten essen. Lola schüttelte nur den Kopf und sagte verächtlich: "Mach nich!".

Irgendwie war uns Erwachsenen plötzlich ebenfalls der Appetit vergangen, trotz der mageren Zeiten...

Lola redet immer noch ein gewaltiges Kauderwelsch, davon aber viel. Beim Mittagessen neulich ermahnte sie ihre nörgelnden Schwestern gestreng: "Ihr geich euer Wupp aufeß, lonch (sonst) Tommy-Auto Baunfeig (Braunschweig) tommt, und keiner Bohnwupp da is din!"

Diese meine jüngste Tochter erstaunt mich manchmal sehr.

Hakelmann

Die Kinder wissen genau, daß sie nicht an das Wehr gehen sollen, weil das Wasser dort am tiefsten ist. Eines Tages hatte Erna mir berichtet, Lola habe dort gestanden und Steine ins Wasser geschmissen. Daraufhin stellte ich Lola zur Rede.

Ich wollte ihr klarmachen, wenn sie vom "Hakelmann" in den Bach gezogen würde, hätte ich keine "Lahola" mehr. Sie aber blieb ganz gleichmütig und entgegnete mir ungerührt: "Du noch ander Ninger hast!"!!

Viel beunruhigender findet sie es, daß "Mapet (Manfred) immer meiner fatcher (schwarzer) Ball wegnimmt, oller Bengel die!".

'48

Die Kinder gehen gerne zu Emmi Ebeling in die Mühle und bestaunen die lärmenden Maschinen.

Onkel Piepke weiß aber, was sie wirklich wollen. Wenn er zwischendurch mal Zeit hat, dürfen sie nämlich mit ihm Fahrstuhl fahren. Wenn er den Fahrstuhl mit seinen Händen an den Seilen nach oben zieht, fordert er die Kinder auf, ihm dabei kräftig zu "helfen".

Wenn sie dann wieder unten ankommen, glänzen ihre Augen vor Freude, und Onkel Piepke hat ebenfalls seinen Spaß gehabt.

Anschließend gibt er jedem Kind etwas Kartoffelkleie auf die Hand, und sie lecken die Plättchen vorsichtig mit spitzer Zunge auf.

Hinterher ist ihre Kleidung immer total verstaubt, aber dafür hatten sie auch ein aufregendes Erlebnis.

Ihr wenn denkt, ich bin doof!

Lola zieht oft die Schuhe aus und behauptet: "Meiner Ssu deck sin, ich meiner Ssu jetz wegtell, du wauber mach erst!".

Sie sollte vor einigen Tagen auf dem Sofa Mittagsschlaf halten, wollte sich aber nicht hinlegen, darum erklärte ich ihr, die beiden Großen müßten ebenfalls gleich ein bißchen schlafen. Etwa fünfzehn Minuten später unterhielt ich mich flüsternd mit Gunni, um Lola nicht zu stören, plötzlich drehte sie sich um und protestierte: "Ihr wenn denkt, ich bin doof, ich hat alles hört, ich teh geich wieder auf von's Lofa!"

'48

Heute fragte ich Lola, wo sie denn wieder gewesen sei, ich hätte sie überall gesucht. Darauf erwiderte sie keß: "Na, in Kaukasus woll nich, da ja meiner Papi is!".

Letztens mußte ich mit ihr zum Arzt, weil sie Ohrenschmerzen hatte. Im Wartezimmer sprach sie sich selbst Mut zu: "Ich habe keine Angst, der Onkel Dokker boof (bloß) mein Ohr aufwäscht un ein Ohrswanz reintut." Was könnte denn wohl ein Ohrswanz sein?, überlegte ich.

Man muß dauernd hinter ihr her sein, da sie flink wie ein Wiesel ist. Ich mußte sie leider schon wieder ermahnen. Ich war bei Guste eingeladen, und die erzählte mir ganz aufgebracht, sie habe gesehen, daß Lola beinahe vor ein Auto gelaufen sei. Abends nahm ich mir Lola vor. Ich sagte zu ihr, ich müsse mir laufend Sorgen um sie machen, und darum sei ich richtig traurig. Sie solle in Zukunft besser auf sich aufpassen, daß ihr nichts passiere. Sie reagierte auf meine Vorhaltungen aber trotzig und fragte recht vorwurfsvoll: "Wahum du da boof zuhört, wenn einer dich lowas erzählt, wahum du da erst hingeht?!"

Nun schaltete sich Helmi ein, die stets schlichten will, wenn es Ärger gibt: "Gib doch nich so freche Antworten für Mama!"

6. 12. 1948

Lola tat vor einigen Tagen so, als ob sie aus der Zeitung vorlesen würde: "Wenn die Kinder artig sind, dann kommt ßu ihnen das Mistkind!" und ergötzte sich ungemein an diesem Ausdruck.

Heute früh fanden die Kinder ihre Nikolausstiefel gefüllt mit Obst und Süßigkeiten. Im Schuh von Lola lag auch eine große Zwiebel. Danach sinnierte sie laut vor sich hin: "Der Weihnamann hat 'wiß das hört mit das Mistkind."

März 1949

Es ist Konfirmationszeit, und Helmi und Gunni tragen die Karten aus. Hinterher mußte ich mir wieder allerhand von den Leuten hinterbringen lassen. Bei Brunkes hat Helmi erwähnt:" Zu Haus haben wir noch ein Schwesterchen, die mag auch Kuchen. Wir sollen das ja alles teilen, oder kriegt die auch ein Stück mit?"

Gunni hat bei Frau Pape interessiert nachgefragt: "Wer von deinen beiden Kindern hat denn Konfirmation – das Mädchen mit den Sommersprossen oder der Junge, der schielt?".

Ach, wie bringen mich diese Gören manchmal in Verlegenheit!!!

Juli '49

Heute konnte ich mal kräftig lachen. Onkel Hans war mit Lola ein Eis essen gegangen. Danach fragte ich sie, ob sie denn <u>in</u> dem Café gesessen hätten. Sie schlug beide Hände an den Kopf und prustete lauthals lachend los:

"Nee, in' Kaffee nich – auf'n Stuhl hat ich sessen!!"

Sie begeistert sich zunehmend fürs Tanzen.

Gestern rief sie: "Mama, du mal kuckt wie ich kann Pittchen (Spitzen) tanzen!".

'49 **Diphterie**

Lola hat Diphterie. Diesmal ist es eine ernsthafte Krankheit und mit den üblichen Kinderkrankheiten wie Masern, Röteln und Windpocken nicht zu vergleichen.

Viele Kinder sind zur Zeit daran erkrankt und einige sogar gestorben.

Helmi und Gunni wurden sofort ausquartiert zu Omas Schwestern, damit sie sich nicht ansteckten. Lola und ich haben uns in das große Zimmer in der ersten Etage des Hauses zurückgezogen.

Ich habe den Rat des Arztes nicht befolgt, das Kind ins Krankenhaus zu bringen, weil ich befürchtete, daß sie vor Heimweh und Einsamkeit eventuell nicht gesund würde. Außerdem schwirren in so einem Hospital zusätzlich noch ganz andere Bakterien durch die Luft!

Hier zu Hause habe ich sie zu meiner Beruhigung unter eigener und steter Betreuung.

Sie leidet unter verschiedenen Schmerzzuständen, vor allem jedoch an Übelkeit, Hals- und Ohrenschmerzen. Zusätzlich wird sie von Kopfschmerzen und hohem Fieber geplagt. Am grauenvollsten ist es für mich, wenn sie keine Luft bekommt.

Der Arzt besucht sie jeden Tag, verschreibt etwas und wiegt besorgt den Kopf hin und her.

Letztens mußte sie nachts mal wieder besonders stark würgen, weil in ihrem kleinen Hals alles verstopft war. Hinterher verblüffte sie mich etwas, denn sie meinte schluckend: "Das hat ich doch nich denkt, wie ich hat güne Pfaumen eßt!"

Das Kind vermutet in aller Unschuld, daß das Essen von grünen Pflaumen schuld sei an der Übelkeit. Natürlich ist ihr nicht klar, daß sie schwer krank ist.

Niemand außer dem Arzt betritt das Zimmer. Oma stellt das Essen für uns vor die Tür. Leider rührt Lola ihr Essen nicht an, weil sie kaum schlucken kann.

Ein paar Tage sind vergangen.

Zum Glück befindet sich mein Sorgenkind nun auf dem Wege der Besserung. Wir können unserem Schicksal dankbar sein!

Ihr Zustand war trotz aller Medikamente so kritisch geworden, daß der Arzt meinte, in der Nacht käme die Krisis, und vielleicht müsse ein Luftröhrenschnitt gemacht werden.

Oma und ich beschlossen in unserer Verzweiflung, ein altes Hausmittel auszuprobieren. Wir flößten der Kleinen ein großes Glas Eigenurin mit Himbeersaft vermischt ein.

Sie wehrte sich erst dagegen, aber nachdem wir ihr erklärt hatten, daß dies eine ganz besonders gute Arznei sei, schluckte sie tapfer, so gut es ging.

Nachts setzte dann fürchterliches Erbrechen ein, und dabei kamen die weißlichen Rachenbeläge mit heraus. Lola war erschöpft, konnte jedoch gleich danach viel besser atmen und schlief ein.

Als der Arzt das Kind am nächsten Morgen besuchte, konnte er erst überhaupt nicht glauben, was er sah. Lola saß in ihrem Bett und verkündete: "Ich hab Hunger", zeigte auf das Radio und sagte nur ein einziges Wort: "Mujik!" In diesem Moment wußte ich, daß mein "Hase" wieder gesund würde.

Den Arzt ließen wir vorsichtshalber in dem Glauben, daß seine Medikamente dieses kleine Wunder bewirkt hatten...

Inzwischen ißt und trinkt Lola fast normal, nimmt bereits an Gewicht zu und spielt wieder. Sie hat alle bemalten Tontiere ihres "Bauernhofes" auf dem kleinen Rauchtisch aufgebaut. Diesen Tisch bezeichnet sie übrigens als Papas "Bauchtisch".

Sie plappert vor sich hin: "Wenn ich wieder belund bin, ich auch mal bei Tante Lene und Tante Emma sßlafen will!".

Sie hat große Sehnsucht nach ihren beiden Schwestern. Die Kinder sind fast drei Wochen voneinander getrennt. Manchmal kamen Gunni und Helmi mit den Tanten unten vor das Haus. Ich stand oben am Fenster mit Lola auf dem Arm, die Kinder winkten und warfen sich viele Kußhände zu, und Gunni rief: "Ach Gottchen, die ist ja beinahe durchsichtig!". Einmal sagte Lola zu mir: "Das is doch ssade, daß Gunni weg is – ich kenn' die Beiden ga nich mehr. Mama, ich hab so'n Schmacht auf Gunni!"

Eigene Erinnerungen an unsere Kindheit

Muttis Bericht über meine Diphterieerkrankung blieb für lange Zeit der letzte.

Erst nach sechs Jahren, 1955, taucht die nächste Eintragung in ihrem Büchlein auf.

Als Ersatz dafür reicht nun meine eigene Erinnerung zurück bis zu dieser Krankheit.

Ich weiß zum Beispiel noch genau, wie das Isolationszimmer eingerichtetet war und in welcher Ecke mein Bett stand. Wenn der Arzt kam und Mutti ihn mit seinem Namen ansprach, war ich jedesmal amüsiert, denn er hieß Engerling. War Engerling nicht irgend so'ne Larve?

Er sah im Gegensatz zu dieser Vorstellung sehr gut aus, war groß gewachsen, schlank und schwarzhaarig – auch heute noch genau mein Typ. Leider strahlte er so gar keine Heiterkeit aus, weil er stets ernst und besorgt wirkte.

Ich weiß ebenfalls noch genau, wie die Spieltiere aus Ton aussahen und daß ich meinen Schwestern und Großtanten vom oberen Stockwerk aus hinter dem Fenster zuwinkte.

Die Welt war irgendwie in dem Moment wieder für mich in Ordnung, als Mama endlich das Radio spielen ließ ...

Ich bin auch heute noch der Meinung, daß das Leben mit Musik viel besser zu ertragen ist.

1949

Meine Mutter sitzt in der Stube, hält einen Brief auf dem Schoß und weint.

"Mama, was is, bist du krank, hast du Schmerzen?"

Sie schnieft und wischt sich die Tränen ab.

"Kommt her, ich muß euch was erzählen. Euer Papi kommt nach Hause. Die Russen lassen ihn gehen – ist das nicht wunderbar?"

"Ja, aber warum weinst du denn, dann kannst du dich doch freuen!?"

"Ach Kinder, das versteht ihr nicht, manchmal muß man sich so dolle freuen, daß man's nicht mehr aushält, und darum muß man dann weinen."

Aha, das ist zwar merkwürdig, aber wenn Mama das sagt, wird's wohl stimmen.

"Mama, sind wir dann endlich eine ganz richtige Familie?"

"Ja, endlich! Kommt mal alle her in meine Arme!"

Ende '49 **Spätheimkehrer**

Im ganzen Haus herrscht Aufregung. Wir Kinder spüren das genau.

Mutti holt Papa vom Bahnhof ab.

Auf dem Tisch stehen Blumen aus dem Garten in der Vase. Nachbarn bringen Geschenke, Sachen zum Anziehen, Eier, Butter, Wurst und Leckereien.

In der Küche steht eine geborgte Zinkbadewanne mit Ablaufhahn, und Oma setzt große Töpfe mit Wasser auf den Herd.

Plötzlich sehe ich einen fremden Mann, der olle Sachen an hat, klapperdürr ist und eine gelbliche Gesichtsfarbe hat, außerdem bemerke ich, daß er nicht so gut riecht.

Der Mann hebt mich jetzt hoch, stellt mich auf Omas Stubentisch und betrachtet mich mit Tränen in den Augen. Mama sagt: "Das ist dein Papa, freust du dich denn gar nicht? Du mußt ihm guten Tag sagen, er würde sich freuen, wenn du ihn auch drückst. Er hat dich das letzte Mal gesehen, als du noch ein kleines Baby warst."

Hm, komisch, das weiß ich ga nich mehr. Dieser Mann sieht ganz anders aus als auf den Bildern. Er ist doch viel älter, das Gesicht ist lang und dünn, und seine Zähne sind bestimmt schlecht.

Als nächstes nimmt der Mann mich in den Arm, drückt und wiegt mich hin und her und streicht mir über die Haare.

"Wir werden uns schon noch kennenlernen", meint er lächelnd und streichelt meine Backe.

Ich denke, na gut, dann wird's wohl stimmen, daß er mein Papi is – und nehme ihn auch in den Arm.

Trotzdem sage ich abends zu Mama: "Sag bloß, der fremde Mann will bei uns schlafen?"

1950 **Nachkriegszeit / Aufbaujahre**

Mein Vater war natürlich gesundheitlich sehr angeschlagen aus der russischen Gefangenschaft zurückgekehrt. Er hatte bei Wassersuppe und "trocken Brot" schwere Arbeit in einem Kohlebergwerk leisten müssen. Zweimal war er verschüttet worden und hatte an beiden Beinen tiefe, offene Wunden, weil die Versorgung in jeder Beziehung katastrophal gewesen war.

Er sagte später einmal, er sei froh, nur schwarze Beine zu haben – viele seiner Kameraden hätten gar keine mehr.

Seine Verdauungsorgane mußten erst wieder lernen, richtig zu arbeiten. Deshalb durfte er anfangs nicht so viel auf einmal essen, obwohl er ja aufgepäppelt werden sollte. Ich war noch zu klein, die ganze Bandbreite der Probleme zu erfassen. Heute weiß ich, daß die seelische Belastung wohl beinahe die schlimmere war.

Noch nach vielen Jahren kam es vor, daß er manchmal wie abgeschaltet auf einen Punkt starrte. Mama bezeichnete dieses Stieren als seinen "Rußlandblick" und nahm ihn dann in die Arme. Er betonte oft, daß er es nur seiner Familie verdanke, sich so schnell regeneriert zu haben. Uns allen war bewußt, daß wir nicht nur dafür dankbar sein mußten, daß er zurückgekommen war, sondern auch dafür, daß er noch alle Gliedmaßen und all seine Sinne besaß. Meine Mutter bedauerte trotzdem immer wieder, daß ihre Generation um viele schöne Jahre betrogen worden sei.

Papa war fast ein Jahr krankgeschrieben, weil die Verletzungen an seinen Beinen eiterten und nicht heilen wollten. Während dieser Zeit schrieb er jedoch bereits ständig Reportagen für verschiedene Tagesblätter. Dann fand er eine Anstellung bei der Stadtverwaltung, und bald danach leitete er das Wohnungsamt. Diese Aufgabe war sehr schwierig, da er die vielen Flüchtlinge bei den einheimischen Hausbesitzern einweisen mußte, die damit meist überhaupt nicht einverstanden waren. Wir selbst hatten ebenfalls für mehrere Jahre zwei Ehepaare mit Kind im Haus, denn er konnte uns natürlich nicht unbehelligt lassen. In der Nachkriegszeit galt es eben, enger zusammenzurücken, weil überall unvorstellbare Wohnungsnot herrschte. Diese Aufbaujahre waren für fast alle Menschen schwer, aber es ging voran, wenn auch mühsam!

Meine Eltern hatten später zu Hause nebenbei eine kleine Versicherungsvertretung und zusätzlich eine Anzeigenannahme für die "Goslarsche Zeitung". Beide schrieben für diese Zeitung von da an dreißig Jahre lang Berichte über lokale Ereignisse.

Auch wir Kinder leisteten dem jeweiligen Alter entsprechend unsere bescheidenen Beiträge zum Lebensunterhalt. Nur wenige Leute besaßen ein Telefon und wir sowieso nicht, also mußten viele Botengänge erledigt werden. Das Einkaufen gehörte schon früh zu unseren festen Aufgaben, sogar für Bekannte und Verwandte. Für diese Dienste erhielten wir im wahrsten Sinne des Wortes nur "'nen Appel und 'en Ei" und mußten dafür meistens stundenlang in den Geschäften anstehen.

Im Sommer sammelten wir in den Wäldern der Umgebung mühsam Heidelbeeren, Brombeeren und Himbeeren, die wir zum Teil verkauften und mit dem Fahrrad bis zu zehn Kilometern bei den Käufern anlieferten.

Überschüsse an Obst und Gemüse aus dem großen Garten wurden ebenfalls gegen Bares abgegeben, und wenn unsere eigenen Kartoffeln eingebracht und sortiert waren, gingen wir in den Herbstferien zum Bauern zum Kartoffelauflesen.

Papa kannte sich recht gut mit Pilzen aus, und wir Kinder besaßen gute Augen, sie zu entdecken. Er überprüfte unsere Funde auf Eßbarkeit, und Mama konnte davon eine billige und leckere Mahlzeit bereiten.

Ich erinnere mich natürlich noch an die winzigen Bucheckern, und daß wir jahrelang säckeweise gesammelte Kastanien beim Forstamt ablieferten. Dort standen die Leute Schlange, und der Inhalt der Säcke wurde abgewogen. Der Erlös daraus war lächerlich gering, aber wir wußten ja, daß die Kastanien für die Waldtiere im Winter bestimmt waren.

Oma nähte unsere Kleider, änderte sie wieder, ließ Nähte und Säume aus, strickte Pullover, Strümpfe und Handschuhe, flickte und häkelte.

Das zahlreiche Vieh mußte versorgt, die Zentrifuge für die Ziegenbutter täglich gesäubert und Obst und Gemüse eingekocht werden, und im Garten gab es immer unglaublich viel zu tun.

Unser Brennholz wurde vom Bauern in teilweise halbierten Stämmen angeliefert. Danach kam die Sägemaschine, die ohrenbetäubend ratterte und kreischte. Mit ihr wurden die Stämme in Gemeinschaftsarbeit zu Blöcken zerkleinert, und beim Abnehmen und Wegkarren dieser verschieden großen Klötze halfen sogar wir Kinder, sobald wir die Kraft dazu hatten.

Onkel Ohlmann, der die Maschine bediente, fehlten gruseligerweise 3 Finger, die seinen Sägeblättern zum Opfer gefallen waren.

Anschließend galt es dann, das viele Holz zu hacken. Das machten Opa, Papa und manchmal auch Oma abwechselnd, wegen der Menge und Anstrengung nur etappenweise und immer so zwischendurch. Wir Kinder brachten die Scheite mit dem Handwagen in den großen Stall, und die Erwachsenen "bansten" es fachmännisch zu hohen Stapelreihen auf.

Wir besaßen wie alle in jener Zeit nur Kohleöfen, da Kohle aber ziemlich teuer war, durfte sich jeder glücklich schätzen, der die "Holzberechtigung" besaß.

Opa tischlerte und zimmerte in seiner gut bestückten Werkstatt, führte dort die anfallenden Reparaturen aus und schärfte unsere Messer, Scheren und Sensen mit speziellen Schleifsteinen.

Weiterhin besaßen meine Großeltern ein paar Morgen Wiese und Land, und sie bauten eigenhändig auf zwei Feldern abwechselnd Kartoffeln oder Korn an. Manchmal auch Rüben, und beim Rübensaftkochen blieben leckere Bonbons im Topf zurück.

Wenn die Frauen alle drei Wochen große Wäsche hatten, waren sie abends total erschöpft. Mama heizte den großen

Kessel an für die Kochwäsche, Oma rubbelte die Arbeitskleidung auf dem Waschbrett sauber, und sämtliche Wannen und Wäschezuber waren gefüllt mit schmutziger Kleidung in verschiedenen Laugen. Überall wurde gepanscht, und alles war naß. Man spülte von Hand und wrang mit den Händen aus, und das anschließende Kurbeln an der Wäschewringe ging in die Knochen und artete nach einiger Zeit in Quälerei aus.

Im Winter mußte die Wäsche zum Trocknen auf den Hausboden geschleppt werden. Trotzdem waren die Teile beim Abnehmen später meistens hartgeforen. Als Nächstes wurden die großen Teile gezockelt, dabei halfen wir Kinder immer, und auch zur Heißmangel gingen wir stets mit.

Oma hängt Windeln auf

Es gab halt damals noch keine Waschmaschinen, Schleudern, Trockner, Geschirrspülmaschinen, Tiefkühlgeräte, Küchen- und Kaffeemaschinen, und an so etwas wie Pampers war überhaupt nicht zu denken!

Jeden Morgen mußten die Feuer in den diversen Öfen mit Anmachholz, Papier und Streichhölzern entfacht werden. Danach kamen größere Holzscheite drauf und am Schluß erst Briketts oder Eierkohle.

Wenn die jungen Hausfrauen von heute das alles so genau wüßten wie wir älteren, würden sie sicherlich täglich dankbar eine Gedenkminute einlegen.

Ich war noch ein Kind, aber eines weiß ich mit absoluter Klarheit: Unser Elternhaus war das reinste Arbeitshaus!

'50 **Neue Frisur**

Oma nimmt mich für einige Tage mit nach Hannover, um Opa zu besuchen, der dort als Zimmermann auf einem großen Holzplatz arbeitet. Die Zug- und Busfahrt dahin erscheint mir wie eine Weltreise. Jeden Tag beobachte ich fasziniert das Starten und Landen der Flugzeuge am Himmel, und Oma besucht auch mit mir den Zoo, dort darf ich auf einem Esel reiten.

An unserem letzten Tag holt Oma morgens Brötchen. Opa ist schon weg zur Arbeit.

Da Oma ewig nicht zurückkommt, habe ich ziemliche Langeweile und beschließe, so'n bißchen Friseur zu spielen. Ich könnte ja eigentlich zur Abwechslung auch mal kürzere Haare haben – ich nehme die Schere und paß gut auf, weil ich weiß, "Messer, Gabel, Schere, Licht, dürfen kleine Kinder nicht", aber wenn man außpaßt, daß nichts passiert, ist das in Ordnung. Also schneide ich mir die Haare – immer so mitten rein, und bestaune das interessante Ergebnis im Spiegel.

Das ist doch mal was anderes, wenn einem die Haare wüst in alle Richtungen vom Kopf abstehen, besser als die langweiligen geflochtenen Zöpfe!

Endlich kommt Oma dann nach Hause, aber als sie mich sieht, fängt sie an, richtig verrücktzuspielen.

Sie reißt ihren Mund auf und schlägt entsetzt die Hände an die Ohren, dann schimpft und räsoniert sie wie wild: "Oh – du unartiges Kind! Nein, nein, nein aber auch! – Oh, wenn deine Eltern dich so zu sehen kriegen! Nein, warum machst du sowas bloß, nicht einen Moment kann man euch Gören alleine lassen! Deine schönen Haare! Du dumme Suttche, man sollte dich verkloppen! Guck doch nur mal in den Spiegel, du siehst zum Gotterbarmen aus, schlimmer als 'ne Vogelscheuche, was mache ich denn nun mit dir?"

Ach Mensch, das kenn' ich schon von meiner Oma, die ist immer ganz rasch auf 180, brüllt und heult sehr schnell, das sind wir alle gewohnt. Mama sagt, Oma muß das rauslassen, sonst erstickt sie dran.

Aber trotzdem begreife ich diese ganze Aufregung nicht, schiebe mürrisch die Unterlippe vor und sage beschwichtigend: "Oma, reg dich man nich so auf, die wachsen doch wieder!"

Frühjahr '50

Opa hatte jedem Mädchen ein paar Stelzen angefertigt. Da wir "Im Winkel", einer Sackgasse, wohnten, konnten wir fast unbehelligt vom Straßenverkehr auch <u>vor</u> dem Haus spielen. Eines Tages staksten wir gerade um die Wette, als Onkel Timpe mit seinem "Stinke-Motorrad" angeknattert kam. Zu allem Überfluß machte er sich auch noch den Spaß, mehrmals laut zu tröten.

Ich stieß verschreckt beide Stelzen von mir und suchte panikartig das Weite. Leider trug ich mal wieder einen für mich zu langen Rock von Helmi nach, darin verhedderten sich meine Füße und ich stürzte vor dem Hausstein auf einen schweren eisernen Abtretrost.

Mein Knie war total aufgeschlagen und tat höllisch weh. Mama hatte mein Geschrei gehört und kam gleich mit dem Verbandskästchen an. Darin befanden sich Mullbinden, Klammern, Scheren, eine Pinzette, Salben, jede Menge verschiedene Pflaster und vor allem die bei uns sehr verhaßte Jodflasche. Wenn Mama diese gefürchtete Flasche aufschraubte, gab es immer Gejaule, denn die rote Flüssigkeit brannte entsetzlich in den Wunden. Mama kannte jedoch kein Erbarmen, und wir wußten jedesmal vorher, wozu sie uns aufforderte: "Zähne zusammenbeißen – ein Indianer kennt keinen Schmerz!"

Ich wurde also verarztet. Onkel Timpe stand daneben und bedauerte diesen Vorfall. "Lola", sagte er, "das tut mir aber leid, das war bestimmt nicht meine Absicht. Hast du Lust, morgen zu uns zum Kaffeetrinken rüberzukommen? Tante Gertrud backt heute einen Kuchen für uns, und dann gibt's auch noch ein paar Bonbons."

Ich schluchzte und schniefte, die Tränen verschmierten mein Gesicht, aber ich antwortete ihm: "Ich darf doch gar kein' Kaffee."

Die Narbe am Knie ist heute noch zu erkennen, aber ich erinnere mich dafür auch an einen ganz besonderen Nachmittag mit Kakao und Kuchen, an dem ich allein der Ehrengast war, und an meinem Platz brannte eine kleine Kerze.

'50 **Halleluja, Amen!**

Unser Elternhaus grenzt mit dem oberen Gartenstück genau an den Friedhof. Direkt hinter dem Zaun befindet sich unsere Familiengrabstätte. Das ist sehr praktisch, denn wir können zwecks Gießen und Jäten durch eine kleine Pforte schlüpfen.

Eines Tages findet nahe am Zaun eine Beisetzung statt. Tante Scheemann, eine entfernte "Cousine über drei Ecken" von Oma, ist gestorben. Mama sagt, es war eine Erlösung, und beide müssen dem Sarg "folgen". Papa ist zur Arbeit, also sind wir allein im Haus. Wir sollen natürlich artig sein, haben aber die Idee, vom obersten Dachboden aus die Veranstaltung zu verfolgen.

Gunni sagt: "Man versteht den Pastor ja gar nicht, was erzählt er denn? Bestimmt was Langweiliges, alle sind so traurig. Ich denke, Tante Scheemann ist erlöst, warum freut sich denn dann keiner? Sollen wir denen mal bessere Laune machen?"

Helmi und ich nicken zustimmend. Gunni öffnet das Fenster, streckt beide Arme raus und ruft: "Jetzt bin ich mal euer Pastor auf der Kanzel, und ich sage euch, ihr sollt froh sein, und ich segne euch!" Dabei schlägt sie das Kreuz und schreit weiter: "Großer Segen in alle Ewigkeit!" Nun fällt Helmi ein, daß sie auch mal was beitragen könnte und ruft: "Halleluja, Halleluja, Amen!"

Komisch, keiner da unten wird lustiger, alle starren nur so zu uns hoch.

Mama und Oma sind auch kein bißchen froher geworden, und Mama fuchtelt dauernd mit den Armen in der Luft herum.

Ich bin zu klein und kann schlecht kucken – nur auf Zehenspitzen reichen meine Augen gerade über die Fensterbank, deshalb muß Gunni mich etwas hochheben.

Ich sehe, daß Mami mir zuwinkt, und winke fröhlich zurück. Aber ich finde, Oma kuckt so böse. Erst droht sie mit dem Zeigefinger, dann legt sie ihn an die Lippen und dreht den Kopf hin und her. Jetzt zeigt Mama mir eine Faust, und mit der anderen Handfläche schlägt sie in die Luft wie bei einer Ohrfeige. Oma senkt den Kopf und verdeckt ihre Augen mit der Hand, dann dreht sie sich weg.

Helmi sagt: "Wir müssen noch die Glocken läuten lassen, wir sind noch nicht fertig!".

Gunni gibt uns den Einsatz und wir stimmen gleichzeitig kräftig an: "Bim Bam Bim Bam Bim Bam!".

Mitten im schönsten Glockengeläut dreht sich der Pastor nach uns um und ruft: "Ruhe da oben!". Gunni meint daraufhin, daß "Erwachsene eben keinen Spaß verstehen und Spielverderber sind", und schließt das Fenster beleidigt.

Als Mama und Oma später zurückkommen, gibt es ein Riesen-Donnerwetter. Ohne lange zu fackeln, verpaßt Mama jeder sofort eine "Tracht" auf den Hintern. Oma heult und tobt, und Mama schimpft wie ein Rohrspatz: "Oh, ihr schrecklichen und ungezogenen Kinder – was für eine Blamage! Nirgends im Dorf kann man sich mehr blicken lassen – mit euch muß man sich ja schämen, und die Leute werden sich alle das Maul zerreißen!"

Gunni bekommt die meisten Vorwürfe, Knüffe und Püffe, weil sie die Älteste ist. Zu Helmi sagt Mama: "Ich bin ganz traurig über dich, daß sogar du das mitgemacht hast! Alle drei gehen heute abend ohne Abendbrot ins Bett, und morgen gehen wir zu Tante Scheemanns Schwester, und bei der entschuldigt ihr euch für euer hanebüchen unartiges Betragen!"

Während wir drei noch ganz schuldbewußt mit gesenkten Köpfen dastehen, zetert Oma erneut los: "Ihr verflixten Gören aber auch, was habt ihr euch nur dabei gedacht?" – und zu meiner Mutter gerichtet jammert sie: "Oh Elfriede, was haben wir nur verbrochen?! Das ist doch zum Schwanzausreißen, womit haben wir sowas bloß verdient?!!", und dabei ringt sie die Hände verzweifelt und streckt sie gen Himmel.

'50 **Neger oder Mohr?**

Es ist Spätsommer, aber sehr heiß.

Wir bepacken unseren Bollerwagen mit Decken, Kissen, Malsachen, Bilderbuch und Puppen. Eine davon ist bereits enthauptet, aber Helmi will sich trotzdem nicht von ihr trennen.

Mama legt noch eine Flasche Himbeerwasser dazu, und für jede von uns einen Apfel und eine Schmalzstulle. Wir wollen zur "Hundewiese" an der Innerste und tragen nur Badeanzüge.

Ich hüpfe mit meinem Ball unter dem Arm neben Helmi und Gunni her, die den Bollerwagen ziehen. Unsere Katze "Munki" sitzt obenauf, überlegt es sich aber anders und springt miauend wieder ab. Es wird immer heißer, und wir beschließen, uns gleich erstmal im Mühlenbach abzukühlen.

Mein Badeanzug ist mir etwas zu groß, da ich ja oft die Sachen von meinen älteren Schwestern auftragen muß. Plötzlich ist er verschwunden – von der Strömung einfach mitgezogen (ich weiß bis heute nicht, wie das passieren konnte, erinnere mich aber, daß die Träger dauernd rutschten). Ich hangele mich also erschreckt ans Ufer, und Gunni und Helmi lachen, als ich pudelnackt dastehe.

In diesem Moment nähern sich uns drei Jungen. Gunni sagt zu mir: "Mensch, so kannst du nich bleiben, sonst sehen dich die Jungen so nackich, das geht nich!"

Ich habe aber nichts anderes zum Anziehen mit, und die Lagerdecken sollen nicht naß werden. Also beschließt Gunni kurzerhand, mir ein Kostüm aus Schlamm zu verpassen.

Sie zieht mich an den kleinen Nebenarm des Baches, der voll von Schlick und Froschlaich ist, packt mit beiden Händen rein und schmiert mich von oben bis unten mit diesem schwarzen Matsch ein.

"So, jetzt siehst du fast wie angezogen aus, und wir können zu Tante Lene gehen." Helmi schickt sie rasch nach Hause, um Hemd und Hose für mich zu holen.

Die Jungs lachen sich über meinen Anblick bald einen "Ast" und brüllen: "ein Neger-Mohr, huch, ein Neger-Mohr!".

Wir zeigen ihnen aber die kalte Schulter und stolzieren davon. Tante Lene hat mal wieder allen Grund, über unseren fürchterlichen Aufzug große Augen zu machen. Sie ist jedoch einiges von uns gewohnt und läßt sich erstmal aufklären. Danach sagt sie: "Na, Gunni, um Einfälle bist du ja nie verlegen – dann kommt mal unter den Gartenschlauch."

Meine Schlammpackung ist inzwischen derartig angetrocknet, daß sie bei jeder Bewegung von mir abbröckelt. Mit einem Mal kommt Oma um die Ecke und lamentiert schon von weitem: "Was habt ihr denn nun wieder angestellt, ihr verrückten Blagen, ihr wollt wohl 'ne Abreibung?", und will noch weitermosern, aber Tante Lene sagt zu ihr: "Reg dich nicht künstlich auf, Frieda, das ist nicht gut für deinen Blutdruck. Ich wasche das jetzt ab, und du ziehst ihr die Sachen an, die du da mitgebracht hast."

Hinter Oma steht Helmi und zuckt bedauernd mit den Schultern. Sie erklärt uns: "Sie hat das mitgekriegt mit den Sachen."

'50 **Zahnlose Minna**

Oma hatte schon tagelang Zahnschmerzen und ließ sich auf Raten des Dentisten wegen ihrer Parodontose gleich sieben Zähne an einem Tag ziehen. Der Zahnarzt nannte diese blutige Aktion "Gebißsanierung".

Ich bewunderte Omas Mut zwar sehr, sich an einem einzigen Tag sieben Zähne auf einmal rausrupfen zu lassen, fand das alles aber schrecklich schaurig.

Sie erhielt bereits am nächsten Tag eine Prothese, nahm sie jedoch anfangs oft heraus, weil sie noch drückte. Sie sah dann richtig gruselig aus und konnte mich damit direkt in die Flucht schlagen.

Wenn sie einen übermütigen Tag hatte und mich ärgern wollte, hielt sie mir absichtlich ihren zahnlosen Mund entgegen, oder sie löste die Prothese mit der Zunge von den Zähnen und ließ sie klappern.

Etwas später erzählte ich meiner Freundin Ursel ganz stolz, daß "meiner Oma schon sieben Zähne fehlen, kannst du dir das vorstellen!?"

Ursel war aber überhaupt nicht davon beeindruckt, sie winkte abwertend und sagte hochnäsig: "Pah, das ist ja gar nix, meine Oma hat überhaupt keinen Zahn mehr – das müßtest du mal sehen. Die is 'ne total zahnlose Minna!"

Darauf schwiegen wir beide einträchtig, denn es gab nichts mehr zu sagen. Es war ja wohl sonnenklar, wer bei diesem Vergleich besser abgeschnitten hatte!

Plötzlich bemerkte ich meine Mutter, die unsere Unterhaltung anscheinend mit angehört hatte. Ihre Schultern zuckten und sie lachte so komisch in sich hinein. Ich fragte mich, worüber sie sich eigentlich so köstlich amüsierte...

'50 **Weihnachtszeit**

Der 6.Dezember war stets der deutlichste Vorgeschmack auf das Weihnachtsfest. Jeder putzte am Abend vorher ein Paar Schuhe auf Hochglanz, und einer davon wurde vor die Kinderzimmertür gestellt.

Wir grübelten vor dem Einschlafen darüber nach, ob uns der Nikolaus viele Ruten, Zwiebeln oder Steine für unsere Unartigkeiten in den Schuh stecken würde. An seinem Inhalt konnten wir recht genau ermessen, wie zufrieden der Nikolaus im vergangenen Jahr mit uns gewesen war. Da wir jedoch meist ein schlechtes Gewissen hatten, waren wir immer beunruhigt.

Am nächsten Morgen dann, kaum richtig erwacht, sprangen wir sofort aufgeregt noch im Nachthemd und barfuß vor die Tür, um unsere Schuhe zu inspizieren.

Manchmal las Mama jedem von uns später beim Frühstück einen Beschwerdezettel vom Nikolaus vor, den er bei uns abgegeben hatte (natürlich war er in Eile gewesen, da er allen Kindern etwas bringen mußte ...). Wir fragten uns oft, wieso er eigentlich über all unsere Schandtaten so gut Bescheid wußte ?!

Die Adventswochen verliefen dann voller Vorfreude auf Weihnachten. Alle Familienmitglieder taten sehr geschäftig und geheimnisvoll. Jeder hatte irgendwo im Haus ein Versteck für seine Geschenke.

Wir Kinder malten oder bastelten etwas, und Gunni konnte schon ein bißchen handarbeiten.

Wir durften natürlich beim Backen der Plätzchen helfen, stachen Sonne, Mond und Sterne aus dem Teig und sahen hinterher genauso mehlbestäubt und beschmiert aus wie unsere Küche.

Kurz vor Heiligabend besorgte Papa den Weihnachtsbaum, Oma backte einen Stollen und Mama holte die bestellte Gans vom Bauern ab.

Am 24. erreichte die Aufregung dann ihren Höhepunkt. Nachmittags gingen wir Kinder erst in die Kirche. Dort wurde die Weihnachtsgeschichte erzählt und das Krippenspiel aufgeführt, und die Weihnachtslieder sangen wir inbrünstig mit.

Meistens herrschte trotzdem unterdrückte Unruhe, weil alle Kinder die Zeit der Bescherung herbeisehnten. Zu Hause warteten wir dann auf den Weihnachtsmann. Jede von uns hatte natürlich ein bißchen Angst vor ihm, denn er schlug mit seiner Rute auch schon mal zu.

Sogar die Erwachsenen bekamen manchmal eine "Abreibung" von ihm auf den Rücken. Das fanden wir ziemlich gerecht, denn die waren bestimmt auch nicht immer nur artig gewesen!

Ich erinnere mich besonders an das eine Mal, es muß 1950 gewesen sein. Als der Weihnachtsmann glöckchenbimmelnd ins Zimmer kam, verschwand ich wie ein geölter Blitz unter dem Tisch, und Helmi kroch schnell hinter mir her. Gunni drückte sich vorsichtshalber in die Ecke hinter den Schrank, obwohl sie damals wohl schon etwas zweifelte an diesem ganzen Spektakel. Der Weihnachtsmann fragte: "Wart ihr denn alle artig? Wo seid ihr denn? Habt ihr etwa Angst vor mir?", aber er bekam keine Antwort, nur Gunni kicherte in ihrer Ecke. Die lange Tischdecke verschaffte mir da unten wohl ein relativ sicheres Gefühl. Obwohl mir das Herz bis zum Hals schlug, nahm ich all meinen Mut zusammen und rief: "Weihnachtsmann, meine Schwestern haben Angst, aber ich überhaupt nicht!"

"Oho", lachte er mich an (oder aus?), "hier haben wir wohl eine ganz Mutige, was? Dann komm mal raus aus deinem Versteck, ich hab auch ein Geschenk für dich mitgebracht!". Er nahm den großen Sack von seinem Rücken, zog ihn hinter sich her und forderte uns auf: "Kommt alle mit ins Wohnzimmer, da brennen schon die Kerzen am Baum."

Unsere Bescherung dauerte meistens sehr lange, da die Familie sehr groß war.

Nur eine Person wurde jeweils von allen beschenkt, immer schön der Reihe nach. Die anderen schauten dabei wohlwollend zu, und abschließend wurden die Gaben allseits gelobt und bewundert. Am Schluß hatte Oma den ganzen Schoß voll

Weihnachtspapier. So etwas hob man nämlich früher auf, um es eventuell später nochmals zu verwenden.

Wenn dann endlich das letzte Geschenk übergeben war, setzte Mutti sich ans Klavier, und wir sangen gemeinsam alle Weihnachtslieder. Manchmal sogar dreistimmig, denn Oma, Mama und Papa gehörten den Gesangvereinen "Bruderschaft" und "MGV Concordia" an.

Die Kerzenlichter am Tannenbaum strahlten, und unsere Kinderaugen leuchteten glücklich zurück. Irgendwann später steckte Papa für jeden eine Wunderkerze an, wir hielten sie feierlich hoch, und Frieden, Freude, Dankbarkeit und Liebe erfüllten die ganze "gute Stube".

Januar 1951 **Kratze-Nerven**

Es ist bitterkalt, darum sollen wir unsere langen Wollstrümpfe anziehen, die Oma eigenhändig für uns gestrickt hat. Gunni weigert sich entschieden, denn sie hat extrem empfindliche Haut.

Sie hält ihre Strickhose abweisend in den Händen und behauptet: "Immer, wenn ich diese olle Wollhose anhabe, kratzen mich alle meine Nerven!".

Ich stehe derweil todunglücklich ganz breitbeinig vor Omas großem, gußeisernem Ofen und habe am gesamten Körper eine Gänsehaut. Mir hat man die ekligen Wollstrümpfe bereits verpaßt, und die metallischen Strapse des Leibchens sind zusätzlich unangenehm kalt auf der Haut. Oh, wie kratzen mich diese hochgelobten Erzeugnisse aus hauseigener Schafwolle!

Verzweifelt und fast heulend sage ich: "Ich muß die ollen Mistdinger erst anwärmen, sonst kann ich keine einzige Bewegung machen. Ich bin glatt wie gelähmt! Ich gehe nicht einen Schritt damit, und schon gar nicht in die Kirche. Ich rühr mich heute nicht mehr vom Fleck, und wenn ich hier anwachse! Da würde ich doch tausendmal lieber frieren als diese ollen Kratzedinger zu ertragen!".

Erst als Mutti uns darauf hinweist, daß Oma ganz traurig würde, wenn sie unser "Theater" mitbekäme, ergeben wir uns widerwillig maulend in unser "schweres Schicksal".

Das Prachtexemplar von Holzkohleofen verdient es übrigens, besonders erwähnt zu werden. Er reichte fast bis zur Decke, bestand ganz aus kohlrabenschwarzem Gußeisen und hatte überall herrliche Verzierungen. Verschiedene Figuren und Rosetten prangten oben als Abschlußumrandung.

Er besaß vorne eine Klappe zum Befeuern, unten einen Ascheschubkasten und einen Holzkasten mit wunderschön gearbeiteter verschnörkelter Tür davor, und er stand elegant auf seitlich weggeschwungenen Füßen. In ihm befand sich außerdem noch eine Röhre, in der meistens ein Wasserkessel mit Pfeiftülle vor sich hinfiepte.

Außen um ihn herum lud ein niedriges Bänkchen zum kuscheligen Rückenwärmen ein.

Dieses Schmuckstück gab starke, wohltuende Wärme ab, und heute wäre er mit Sicherheit ein teures Sammlerobjekt. Leider hat Oma ihn später weggegeben und gegen einen häßlichen Heizkörper ausgetauscht.

'51 **Lehrer "Huckebein"**

Im Frühjahr 1951 war ich eingeschult worden mit Riesen-Schultüte, einem gebrauchten Tornister und obligatorischem Foto.

Mein Klassenlehrer hieß Herr Huck. Ich fand ihn sofort sehr nett, und im Laufe der Zeit entwickelte sich eine echte Freundschaft zwischen uns.

In der Schule beim Unterricht nannte ich ihn Herrn Huck und siezte ihn, privat durfte ich aber Onkel Huck und Du zu ihm sagen. Er wohnte nur zwei Straßen von uns entfernt und hatte mich mal eingeladen, seine Frau und seinen Wellensittich kennenzulernen.

Danach besuchte ich ihn oft am Sonntagmorgen. Er besaß genau wie Mama ein Klavier und spielte sehr gut darauf. Wir liebten beide schöne Melodien und sangen gemeinsam Volkslieder: "Kein schöner Land", "Der Mond ist aufgegangen", "Am Brunnen vor dem Tore", "Sah ein Knab' ein Röslein stehn", "Guten Abend, gute Nacht", "Der Mai ist gekommen" oder ähnliches.

Währenddessen schmorte seine Frau in der Küche den Sonntagsbraten an. Manchmal waren auch seine beiden erwachsenen Kinder da, leisteten uns beim Singen jedoch nie Gesellschaft. Einmal erklärte er mir, daß seine Kinder leider nicht musikalisch seien. Das fand ich merkwürdig und irgendwie traurig.

Eines Sonntagmittags fragte er mich beim Abschied, ob ich am nächsten Sonntag wiederkäme. Darauf erwiderte ich wahrheitsgetreu sehr bedauernd: "Nee, das geht nicht, Onkel Huck, dann habe ich Geburtstag. Ich wollte dich ja einladen, aber meine Oma hat gesagt: Den können wir hier nicht gebrauchen, der h u c k t uns womöglich nur in der Stube rum!".

Bei dieser Erklärung trank er gerade einen Schluck Wasser, prustete vor Lachen aber plötzlich so los, daß er sich verschluckte und ich ihm fürsorglich auf den Rücken klopfen mußte.

Ein paar Monate später:

Ein rüpeliger Mitschüler von mir ärgerte gerne die Mädchen. Einmal rempelte er mich absichtlich auf dem Schulhof so doll an, daß mein Pausenbrot im Dreck landete. Ich reagierte erschreckt und wütend, weil ich sehr hungrig war, darum pfefferte ich ihm kurzerhand meine Faust auf die Nase. Die fing sofort an zu bluten.

Herr Huck hatte Pausenaufsicht und den Vorfall bemerkt. Er trat zu mir, schüttelte rügend seinen Kopf und sagte in seiner typisch schlesischen Art: "Kumm ock, kumm ock – ein Mädel, das so schön singen kann – warum denn gleich so gewalttätig?"

Ich verteidigte mich damit, daß ich großen Hunger und nun nichts mehr zu essen hätte und außerdem auch nichts dazu könnte, wenn der so'ne schwache Nase besäße.

Herr Huck nahm einen Apfel in beide Hände, brach ihn mit einem kräftigen Ruck mittendurch und reichte mir schweigend die eine Hälfte. Dann wickelte er seine Butterstulle aus und gab mir auch davon ein Stück ab. Mit verstecktem Glitzern in den Augen zeigte er auf Hans und forderte mich auf: "Geh dich jetzt entschuldigen!".

1951 **Gute Nachbarschaft**

Onkel und Tante Timpe sind unsere Nachbarn und kinderlos. Von beiden bin ich der Liebling und so halb adoptiert. Wenn es bei uns etwas zu essen gibt, was mir nicht schmeckt, marschiere ich zu den beiden rüber. "Tante Timpe, was hast du denn heute gekocht? Bei uns gibt's Rosenkohl, den mag ich nicht." Oft nehme ich dann meine Mahlzeit bei ihr ein, und extra für mich gibt's noch Nachtisch, meistens was Eingemachtes aus dem Garten.

Manchmal ruft sie von sich aus vom Küchenfenster runter, ob ich bei ihr essen möchte, weil sie was ganz besonders Leckeres oder auch mal was übrig hat.

Ab und zu schlafe ich sogar dort und darf jeden Sonnabend zum Baden kommen. Sie haben nämlich im Gegensatz zu uns ein richtiges Badezimmer. Ganz gefliest, mit großer Keramikwanne, schönem Waschbecken und Toilette mit drin. Wir besitzen nur die lange Zinkwanne mit Ablaufhahn, und unsere

Toilette ist ein Plumpsklo draußen unter dem überdachten Hof. Es hat einen durchgehenden Holzsitz mit zwei verschieden großen Löchern, eins für Erwachsene und eins für Kinderpopos, und unser Toilettenpapier besteht aus zerschnittenen Zeitungen. Wenn das Papier zu Ende geht, schneiden wir Kinder oftmals aus eigenem Antrieb neues zurecht und spießen es dann auf den Drahthaken, der an der Klowand hängt.

Das alles erklärt also, warum ich meine extravaganten Schaumbäder bei Timpes immer sehr genieße. Dabei komme ich mir dann vor wie eine Dame von Welt, habe ein duftendes Kindershampoo und bekomme ein großes Badetuch. Fast alles darf ich nehmen, alle Cremes, alle Parfüms ausprobieren, nur mit ihrem Make-up stellt sie sich gewaltig an. Wenn ich das Schmierzeugs mal benutzt habe, wird sie knatschig: "Ich habe Dir schon mehrmals verboten, an mein 'Maake-Upp' zu gehen, so höre doch. Du brauchst das nicht, und es ist sehr teuer!". Das Wort Make-up sprach sie übrigens genauso aus, wie man es schreibt.

Ich habe da aber etwas Neues zwischen ihren vielen Fläschchen und Döschen entdeckt, eine grüne Tube. Da ich gerade mal ein bißchen lesen kann, entziffere ich die Beschriftung mühsam und frage sie: "Darf ich denn das neue Kal<u>ooo</u>derma G<u>ee</u>le ausprobieren?"

Sie weiß erst gar nichts mit dem Ausdruck anzufangen, lacht dann jedoch herzhaft und drückt mich an ihren riesigen Busen. "Das heißt Kalo<u>derma</u>-Gel<u>ee</u>, du Dummchen!"

Wenn Tante Timpe einen Sandkuchen backen will, muß ich ihr beim Rühren des Teiges helfen. Das ist sehr beschwerlich mit Hand und Schneebesen, und ich habe schon ganz schön Kraft. Zur Belohnung werde ich dann für Sonntag zum Kaffee und Kuchen bei ihnen eingeladen.

Telefonterror

Onkel Timpe geht sonntagsmorgens gerne zum Frühschoppen mit seinen Freunden. Sie sitzen am Stammtisch im "Braunschweiger Hof" und reden über Politik und die Geschäfte. Nebenbei knobeln sie und trinken einige Bierchen.

Tante Timpe schickte mich mehrmals ärgerlich los, ihren unpünktlichen Mann von dort abzuholen. Ich sollte ihm energisch ausrichten, daß das Essen verdammt noch mal schon seit "Klocke zwölwe" fertig wäre!

Nach dem Mittagessen sind die Männer dann gewöhnlich sehr müde.

Onkel Timpe legt sich in der Wohnstube ein bißchen "auf's Ohr", so drückt er das aus. Ich darf solange an seinem großen Schreibtisch sitzen und fühle mich recht wichtig, denn darauf steht auch ein Telefon.

Meistens blättere ich in irgendeinem Bilderbuch, male oder lese etwas.

Eines Sonntags schreibt Onkel Timpe mir drei Zahlen auf und sagt, daß ich diese Nummer alle 15 Minuten anwählen soll.

O.K., in der Ecke steht die große Pendeluhr, danach kann ich mich richten. Ich soll aber jeweils nur zweimal läuten lassen und dann schnell auflegen!

Bei diesen Erläuterungen ist er sehr lustig und hält sich vor Kichern seinen dicken Bauch.

Dann legt er sich auf's Sofa, und es dauert gar nicht lange, bis er schnarcht.

Ich führe nun meinen Auftrag aus.

Am nächsten Sonntag folgt das gleiche Spiel.

Inzwischen weiß ich aber, daß er die Anrufe "Richard-Brunke-ärgern" nennt. Der ist sein Busenfreund, und die beiden wischen sich gerne gegenseitig eins aus.

Mir ist klar, daß Onkel Brunke eigentlich auch schlafen möchte....., aber mein Auftraggeber amüsiert sich im Vorhinein bei dem Gedanken an meine Störaktionen so königlich, daß mich seine Begeisterung ansteckt.

Onkel Timpe legt sich "auf sein Ohr" und läßt sich nur noch kurz die Nummer von mir bestätigen. In der nächsten halben Stunde wähle ich diese Telefonnummer zweimal. Beim dritten Mal lege ich nicht schnell genug auf und habe plötzlich Onkel Brunkes wütende Stimme am Ohr: "Wilhelm, bist du das? Ich weiß, daß du das bist, du versoffenes Schwein! Sag was, du Blödmann! Wilhelm, du kannst mich kreuzweis', du weißt schon was!", und damit knallt er den Hörer auf.

Zuerst bin ich wie erstarrt, aber da nun nur noch das Freizeichen zu hören ist, lege ich den Hörer auf die Gabel, und dabei spüre ich, daß mein Herz wie wild klopft.

In diesem Moment betritt Tante Timpe den Raum. Sie bemerkt meine betretene Miene und fragt nach. Onkel Timpe wacht davon auf und läßt sich ebenfalls Bericht erstatten.

Kaum bin ich fertig damit, legt Tante Timpe empört los: "Wilhelm, bei dir piept's doch! Wie kannst du das Kind zu solchen Dummheiten anstiften? Ihr Männer habt doch nichts als Stroh im Kopf, man sollte es nicht glauben! Da wundern sich die Großen, wenn die Kleinen dauernd irgendwelche Streiche machen, sind aber noch schlimmer als die Kinder!"

Onkel Timpe guckt mit großen Augen auf seine Frau und sagt störrisch: "Gertrud, davon hast du keine Ahnung, das sind Späße unter Männern!".

"Quatsch - Männerspäße - , daß ich nicht lache! Eseleien sind das, nichts anderes, und sogar auf Kosten des Kindes!".

Sie faßt nach meiner Hand und zieht mich mit sich in die Küche. Dort sagt sie zu mir: "So, wir beide trinken jetzt Kaffee und essen den Kuchen, und Onkel Timpe kriegt heute nichts davon ab!".

1951 **Tante Liese**

Papa ist in der schönen, alten Kaiserstadt Goslar geboren, die nur acht Kilometer von uns entfernt liegt. Dort wohnen einige Verwandte von uns, unter anderem auch eine alte Großtante von Papa. Sie ist stocktaub und war nie verheiratet. Wir besuchen sie manchmal, um etwas Gutes zu tun. Die Gespräche laufen allerdings ziemlich schwierig ab, denn man muß sie furchtbar anbrüllen.

Wir Kinder haben inzwischen ein höchst unterhaltsames Spiel herausgefunden.

Sowie unsere Eltern in die untere Etage gehen, um noch andere Verwandte zu begrüßen, können wir damit loslegen. Wir wissen, daß Tante Liese auf alles mit einem langgezogenen "Jaaa" antwortet. Mit Unschuldsmiene tun wir so, als ob wir ihr etwas erzählen. In Wirklichkeit stellen wir aber gezielte Fragen. Zum Beispiel im Hochsommer witzigerweise: "Tante Liese, weißt du, daß wir gerade Weihnachten haben?"

Sie guckt uns wohlwollend an und erwidert: "Jaaa". Nur mühsam bringen wir es fertig, vor Lachreiz nicht loszukichern. Es geht weiter mit: "Tante Liese, wie spät ist es?" Sie sagt nickend: "Jaaa" und lächelt uns an. Unsere Belustigung steigert sich enorm.

Die nächste Frage: "Hast du heute auch schon den Osterhasen gesehen?" Und wieder haben wir allen Grund, uns köstlich zu amüsieren, obwohl wir genau wissen, daß wir ungezogen sind. Dieses herrliche Vergnügen reizt uns aber zu sehr. Wir erleben richtig Spaß, und ihr tut's doch nicht weh!

Die Krönung des Ganzen hört sich dann so an: "Weißt du, daß du gerade einen Pups gemacht hast?" Wenn sie darauf ihr wissendes "Jaaa" losläßt, ist es um unsere Beherrschung geschehen. Wir prusten entfesselt los und wissen gar nicht, wie wir soviel Freude auf einmal aushalten sollen!

Helmi schmeißt Kopf und Arme auf den Tisch und erstickt fast an ihrer unterdrückten Begeisterung. Gunni gluckst, hält sich mit einem Arm ihren wackelnden Bauch fest und mit der anderen Hand den Mund zu. Ich möchte mich am liebsten kugeln vor Lachen, springe aber schnell zum Fenster und tue so, als ob ich frische Luft brauche.

Wenn unsere Eltern dann wieder zurück sind, sagt Tante Liese zu ihnen: "Ihr habt aber lustige Kinder, und immer freundlich!"!!

Leider bekam Mutti diesen tollen Spaß durch unsere Kicherei viel zu schnell spitz. Sie hielt uns eine Moralpredigt und schimpfte: "Pfui, ihr solltet euch schämen!". Ich glaube aber, um ihren Mund zuckte es, und in ihren Augen war ein verräterisches Glitzern.

Sie hatte nun die Erklärung dafür gefunden, warum wir zu diesem Verwandtenbesuch jederzeit bereitwillig mitgegangen waren...

1951 **Der bessere Reichtum**

Meine Eltern pflegten merkwürdigerweise mehrere Freundschaften mit Ehepaaren ohne Kinder. Heute vermute ich, daß diese Paare unter anderem darauf aus waren, in uns hin und wieder einen Ersatz für ihre Kinderlosigkeit zu finden.

Ich erinnere mich an viele Familienfeiern, an denen besonders ein sehr wohlhabendes Freundespaar teilnahm. Auch den ersten Weihnachstag 1951 verlebten sie ganz bei uns.

Wir probierten neue Gesellschaftsspiele aus, erzählten Geschichten und beschäftigten uns stets miteinander. Wenn wir Kinder mal ohne Mutters Klavierbegleitung gemeinsam vorsangen, wurde es richtig feierlich. Die beiden hörten uns hingerissen zu, und hinterher bedankten sie sich bei meinen Eltern mit Tränen in den Augen und sagten, das sei das schönste Weihnachtsfest gewesen, das sie je erlebt hätten.

Als sie gegangen waren, hörte ich meine Mutter mitleidig zu Papa sagen: "Es gibt verschiedene Arten von Reichtum, aber unsere ist die bessere." Papa nickte nur und nahm sie in seine Arme.

Januar 1952 **Schlittenfahrt**

Frau Holle war mal wieder sehr fleißig gewesen, und der Schnee lag einen halben Meter hoch.

An den Straßenrändern türmte sich die zusammengeschobene "weiße Pracht" an manchen Stellen derart auf, daß man als Fußgänger kaum die Autos sehen konnte.

Meine Eltern und zwei befreundete Ehepaare hatten bei einem Bauern eine Schlittenfahrt bestellt und ich durfte mitfahren.

Die Zugpferde waren hübsch geschmückt und am Schlitten hingen viele Glöckchen, die für lustige Begleitmusik sorgten. Der Bauer saß vorne auf einer Bank und hielt die Zügel. Im Schlitten lagen dicke Sitzkissen, und wir konnten uns zusätzlich mit warmen Wolldecken einpacken. Die Fahrt durch den verschneiten Winterwald und die glitzernden Felder war wunderschön. Die Pferde dampften und unser Atem auch.

Fast in jeder Manteltasche der Erwachsenen steckte ein Flachmann. Man wollte sich natürlich auch ein bißchen von innen wärmen...

Nach etwa eineinhalb Stunden unterbrachen wir die Fahrt, um im Bergcafé in Wolfshagen Kaffee zu trinken. Nach dieser kleinen Stärkung machten mehrere Lagen Weinbrand die Runde, und auch der Bauer schluckte einiges weg.

Bei der Heimfahrt war die Stimmung dann unheimlich ausgelassen. Witze wurden erzählt, man neckte sich, zwickte andere unter der Decke, und alle kicherten und scherzten ohne Pause.

Auf einer Strecke ging die Straße steil ab und der Schlitten sauste nur so den Berg hinunter. Der Bauer rief den Pferden zu: "Hoo, Hoo", und versuchte die Bremse zu ziehen.

Aber irgend etwas klappte nicht. Ich glaube, die Pferde waren von der Toberei und dem Krach hinten im Schlitten nervös geworden und liefen einfach weiter.

Der Bauer konnte die Spur nicht mehr halten, und da sich die Straße seitlich neigte, brach unser Schlitten aus und rutschte geradewegs auf den Graben zu. Ich hörte noch einige spitze Schreie wie "Huch", "Hilfe", "oh nein", "oh Gott" und dann bekamen wir wohl Übergewicht, denn der Schlitten kippte. Der Bauer rief etwas, die Pferde wieherten, und mehrere Fahrgäste sprangen in hohem Bogen wild entschlossen in den Schnee.

Mir ging das alles viel zu schnell, und ich weiß nur noch, daß ich Angst hatte. Plötzlich landete ich in einer Schneewehe und um mich herum lagen verstreut die Erwachsenen. Einer nach dem anderen rappelte sich auf und glotzte im ersten Schreck blöd grinsend nach allen Seiten. Aber dann ging's los: Sie fingen an zu lachen – nein, sie brüllten vor Lachen, zeigten schadenfroh mit den Fingern aufeinander, schrien und prusteten und kugelten sich im Schnee herum.

Einer begann, mit Armen und Beinen im Liegen einen "Adler" zu schlagen, wie wir Kinder das oft machten. Die anderen bewarfen sich kreischend mit Schneebällen oder verpaßten sich gegenseitig mit einer Handvoll Schnee eine Abreibung.

Ich rief vorwurfsvoll: "Ihr seid wohl alle betrunken?", und darauf lachten sie noch mehr.

Und die wollen uns Manieren beibringen, dachte ich mißgelaunt und schüttelte abfällig den Kopf.

So übermütige und bekloppte Erwachsene wie an dem Tag habe ich nie wieder erlebt.

Meine Mutter hockte vor mir und ächzte kichernd: "Oh, oh, Hilfe, ich kann nicht mehr, ich mach mir gleich in die Hose!"

Ich weiß jedenfalls bis heute noch ganz genau, was ich in dem Moment dachte, und daß ich das alles gar nicht so lustig fand. Mir tat der eine Arm weh und am Kopf wuchs mir eine Beule. Wir konnten froh sein, daß nichts Schlimmes passiert war. Ich fand die Großen unangebracht albern und vermutete verdrossen, daß dieser Unfall nur geschehen war, weil alle soviel Schnaps getrunken hatten...

Als sie endlich wieder zu sich kamen, richteten die Männer den Schlitten mit vereintem "Hau Ruck" auf, und der Bauer kümmerte sich um das Gespann.

Die Heimfahrt verlief dann anschließend immer noch sehr fröhlich, aber doch deutlich gesitteter.

1952 **Barmherzige Schwestern**

Von Kindern wird eigentlich meistens gewünscht, daß sie sich so verhalten, wie Erwachsene es täten. Kinder sind aber nun mal noch nicht erwachsen, sondern erlernen erst das Leben. Am nachhaltigsten lernen sie natürlich sowieso aus eigenen schlechten Erfahrungen, jedoch sind Strafen trotzdem ab und zu unerläßlich.

Mutti bestrafte uns manchmal einfach nur mit Mißachtung, und dieses "Muckeln" fanden wir schlimmer als Schimpfe.

Wenn eine von uns aber mal so richtig was "verzapft" hatte, mußte sie zum Beispiel abends früher ins Bett, und zwar ohne Abendessen. Die Langeweile dabei war zusätzlich beinahe so schlimm wie der Hunger.

Unsere Eltern wußten allerdings genau, daß die Bestrafte nicht wirklich hungerte. Sie heuchelten gekonnt die Ahnungslosen, wenn die beiden anderen beim Essen verstohlen ein Stück Brot, Käse oder Obst abzweigten und möglichst unauffällig in der Schürzentasche verschwinden ließen.

Später schlich die "barmherzige Schwester" dann heimlich nach oben und steckte der Sünderin mitleidig diese milden Gaben zu.

Bemerkenswert war dabei, daß es machmal sogar die Schwester war, der man vorher eventuell gerade Unrecht getan hatte...

Wenn wir uns auch viel zankten, so hielten wir in der Not jedoch stets zusammen wie Pech und Schwefel. Ich entsinne mich, daß ich für Helmi immer der Racheengel war. Obwohl sie größer war als ich, wußte sie sich bei Angriffen von fremden Kindern nie so gut zu verteidigen wie ich.

Einmal kam sie heulend nach Hause und beklagte sich, daß Jochen sie geschlagen habe. Ich fragte sie, warum, - aber sie wußte es nicht. Empört und wild entschlossen rannte ich sofort los, um sie zu rächen.

Jochen war drei Jahre älter und natürlich auch stärker als ich.

Er stand in einer Gruppe von Jungs. Ich sprang ohne Vorwarnung auf ihn zu, rammte ihm meine Faust in den Magen, latschte gegen sein Bein und rief dabei: "Das ist für meine Schwester, du Rüpel!" Diese Attacke ging so schnell, daß Jochen verdutzt stehenblieb und nur blöd hinter mir hergaffte, als ich wieder abzog.

Er schrie mir nach: "Na, warte, wenn ich dich mal in die Finger kriege, dann mache ich dich zur Schnecke, du doofe Zimtziege!" Ich drehte mich kurz um und brüllte aufsässig zurück: "Selber Ziegenbock! Komm doch her, wenn du was von mir willst!" Aber er wollte scheinbar nichts mehr von so einer angriffslustigen Kratzbürste wie mir...

1952

Helmi hat bei einem Gespräch zwischen Erwachsenen etwas aufgeschnappt.

Sie fragt Gunni: "Weißt du vielleicht, was ein ungewolltes Kind ist?"

Die schiebt ihre Unterlippe vor und überlegt. "Hm, nö, weiß ich auch nich, aber bestimmt ist das auch so'n Kind, das lieber Strümpfe <u>ohne</u> Wolle anzieht!"

Mich interessiert dieses Thema nicht sonderlich. Ich bin derweil vollauf damit beschäftigt, die dumme Mottenkugel wieder aus meiner Nase rauszupruckeln, die ich reingesteckt habe, weil ich den Geruch so mag. Leider sitzt sie ganz tief drin und will einfach nicht rauskommen, im Gegenteil, sie rutscht eher noch weiter rein.

Gunni und Helmi wissen auch keinen Rat, und mir wird die Sache allmählich mulmig.

Ich laufe ziemlich beunruhigt zu Mama und berichte ihr von meinem Mißgeschick.

Sie schüttelt seufzend den Kopf und kann sich wieder mal nur wundern, welche unsinnigen Ideen ihre Kinder so haben.

Gunni befürchtet, daß ich "opariert" werden muß, wenn die Kugel nicht wieder zum Vorschein kommt. Ich muß mich in den Sessel legen und den Kopf weit nach hinten biegen. Mama versucht, die Kugel mit einer Pinzette zu greifen, rutscht aber jedesmal dabei ab.

Dann hält sie mir das andere Nasenloch zu und ich muß kräftig schnauben. Von der andauernden Schnauberei sehe ich schon Sterne, und endlich, nach mehreren Versuchen, bewegt sich die Kugel etwas und Mama kann sie mit der Pinzette fassen und rausziehen.

Mein Nasenloch brennt, aber ich bin heilfroh, das Ding loszusein.

Oma steht nun plötzlich ebenfalls in der Runde und mäkelt schon wieder rum, daß wir Gören den lieben langen Tag nur dummes Zeug im Kopf haben, und was so'ne Mottenkugel wohl in meiner Nase zu suchen hätte. Mama sagt zu mir: "Geh jetzt und wasch dir die Nase aus. Hauptsache, du hast was draus gelernt.", und ich verdrücke mich kleinlaut aus dem Zimmer.

Oma – unser Kugelblitz

Unsere Alltagsstube war frisch tapeziert und die Decke gestrichen worden. Eines Abends beim Essen freute ich mich auf das selbst eingekaufte Dunkelbier und schwenkte die Flasche so'n bißchen aus Übermut herum. Vielleicht war's auch mehr ein Schütteln, so genau erinnere ich mich nicht. Jedenfalls öffnete ich den Schnappverschluß voller Vorfreude, aber dummerweise spritzte das Dunkelbier in hohem Bogen und mit lautem Zischen an die Decke und auch gegen die neue Tapete. Ich stand völlig verdattert mit der Flasche in der nassen Hand da, und meine Klamotten hatten einiges abgekriegt.

Oma sprang erschreckt auf, versetzte mir einen Schlag in den Nacken und räsonierte: "Oh, ihr verdammten Blagen aber auch, die schöne neue Stube! Dauernd stellt ihr was an, und kein Tag vergeht, an dem man sich nicht über irgendwas aufregen muß! Macht man so weiter, dann bringt ihr mich bald unter die Erde in's Grab!" ningerte sie (Anmerkung: "Ningern" war unser Spezialausdruck für weinerliches Klagen). Bei dem letzten Satz standen ihr wie gewohnt bei solchen Ausbrüchen dicke Krokodilstränen in den Augen, die sie theatralisch schnüffelnd wegwischte.

Diese Drohung haben alle Familienmitglieder so oft von ihr gehört, daß sich keiner mehr sonderlich davon beeindrucken ließ.

Wir kannten alle nur zu gut ihre ausgeprägte schauspielerische Ader, lachten sie dann wohlwollend an oder aus und machten sie manchmal sogar nach.

Zur besseren bildlichen Vorstellung muß man wissen, daß Oma sehr klein, dafür aber umso dicker war. Wir neckten sie oft: "Du bist so rund, wenn wir dir einen Schubs geben, rollst du durch die Stube." Wenn sie wütend war, konnten ihre großen braunen Augen aber gefährliche Blitze abfeuern, und Opa hat mal zu ihr gesagt: "Frieda, beruhige dich! Paß auf, daß dir deine gluhen Augen nicht aus dem Kopf fallen!"

Vervollständigend sei hier noch erwähnt, daß Oma ein gesegnetes Alter von 87 Jahren erreichte und ohne besondere Krankheit glücklich und zufrieden im Schoße der Familie einschlief.

Etwas fällt mir dazu übrigens noch ein.

Vor kurzem wurde mir erst so richtig bewußt, daß die Namen Frieda und Elfriede mit Sicherheit von dem Wort "Frieden" abgeleitet sind. Bei dieser Erkenntnis befiel mich ein unwiderstehlicher Lachreiz, denn ausgerechnet <u>die</u> beiden Damen sind ihr Leben lang ziemlich wehrhaft und oft gar nicht so friedlich gewesen...

1952 **Ein "Abwasch"**

Unsere diversen Kinderkrankheiten absolvierten wir meistens im Kollektiv.

Der Arzt gab Mutti den Rat, uns nicht zu trennen, sondern die gesunden ruhig mit den erkrankten Kindern zusammenzulassen. Er meinte, das sei dann wenigstens ein "Abwasch". Ob Masern, Röteln, Windpocken oder Mumps - auf diese Art konnten wir uns zumindest Gesellschaft leisten und gegenseitig trösten.

Einmal mußten wir alle drei gemeinsam eine Läusepulver-Behandlung machen. In Gunnis Klasse waren sämtliche Kinder von Läusen befallen, und Gunni hatte sie bei uns eingeschleppt. Das war übrigens in jenen Jahren nichts Ungewöhnliches.

Ebenfalls normal war das Auftreten von Spulwürmern. Wir aßen unser Gartenobst häufig direkt vom Baum oder Himbeeren gleich vom Strauch mitsamt Würmern, und die Karotten und Erdbeeren schmeckten am besten ungewaschen, sie wurden oft nur kurz abgewischt.

Außerdem war es üblich, die Gartenerde nach dem Umgraben mit dem Inhalt der "Donnerbalken" zu düngen. Zu diesem Zweck hatte Papa im Frühjahr immer die unangenehme Aufgabe, die Jauchegrube zu entleeren. Damals ließ man eben nichts ungenutzt verlorengehen.

Jedenfalls mußten wir, mal wieder vereint, gemeinsam eine Wurmkur durchführen und bekamen erst gar keine Schlüpfer an, denn so war es praktischer, wenn die Rennerei dann losging. Der Einfachheit halber erledigten wir das gleich draußen an der "Miste".

Leider war ich die Pechmarie, die mehrmals <u>alleine</u> etwas durchzustehen hatte.

Da fällt mir zum Beispiel sofort die Diphterie ein, dann mein Leistenbruch und der eingewachsene Zehennagel, der von Dr. Haars unter Äthernarkose abgerissen wurde, oder davor die Lymphdrüsenentzündung in der rechten Leiste. Dort mußte ein Schnitt vorgenommen werden, und danach blieb ich sogar für einen Tag zur Beobachtung beim Arzt in einem Krankenzimmer.

Auf dem Nebenbett saß ein Junge, der vermutlich fast wieder gesund war, denn er ließ mir keine Ruhe. Er quatschte dauernd, stellte dämliche Fragen und fing an, an meinem Bettgestell zu rackeln, weil ich nicht reagierte. Ich war von der Narkose nämlich noch recht tranig.

Irgendwann fühlte ich mich derart belästigt, daß ich ihm durch die Gitterstäbe meines Bettes einen Tritt vor's Schienbein versetzte. Dabei spielte in dem Moment auch keine Rolle, daß ich mein rechtes Bein dafür benutzen mußte, obwohl das ja oben dick verbunden war. Es ging nicht anders – er befand sich nun mal zufällig auf der rechten Seite...

Landleben

Gleich um die Ecke von unserem Haus lagen zu beiden Seiten Bauernhöfe, auf denen wir uns sehr viel aufhielten. Wir sahen zum Beispiel der Magd beim Kühemelken zu oder probierten das Melken auch mal selbst.

Alle neugeborenen Tiere wurden ausgiebig von uns bewundert. Es gab jede Menge frisch geschlüpfter Küken aller Art, Kälbchen, Fohlen, rosige Ferkel, Zicklein und Lämmchen.

Nur um den Hofbullen, den Eber und den aggressiv kollernden Puter machten wir einen großen Bogen, und der Ziegenbock stank dermaßen eklig, daß wir ganz automatisch Abstand von ihm hielten.

Oma brachte unsere Ziege manchmal zu ihm hin, aber wir durften nie mit rein in den Stall. Wir spürten die Geheimnistuerei bei diesem Besuch genau, waren jedoch nicht so interessiert daran, daß wir den widerlich beißenden Geruch dafür in Kauf genommen hätten.

Die alte Bäuerin verströmte ebenfalls einen grauenhaften Mief. Sie trug vermutlich nie eine Unterhose unter ihren langen Röcken. Wenn sie sich draußen auf dem Hof aufhielt, und es überkam sie gerade ein menschliches Bedürfnis, stellte sie sich einfach breitbeinig hin, lüpfte den Rock etwas und ließ es unbekümmert strullern. Dabei machte es ihr nicht das Geringste aus, wenn sie sich just in dem Moment zufällig mit jemandem unterhielt.

Sie hatte mal zu Mutti gesagt: "Wer waschet denn Hasen un Fösse (Füchse), un dei lewet ook!"

Das Bauernhaus roch genauso penetrant, da ein großer Stall für mehrere Pferde und Kühe in der anderen Hälfte des Wohngebäudes untergebracht war, und deshalb hielten wir uns nie lange im Haus auf.

Die junge Bäuerin freute sich, wenn wir für sie auf Eiersuche gingen. Die Hühner legten ihre Eier an die unmöglichsten Stellen, und wir konnten bei der Gelegenheit herrlich auf der Tenne herumtoben. Wie die Wühlmäuse zwängten wir uns durch die Strohballen nach oben und arbeiteten mit der Zeit richtige Kriechgänge dazwischen aus. Vom Strohboden kletterten wir dann auf einer langen Leiter immer wieder zum oberen Heuboden hoch, um uns aus dieser schwindelerregenden Höhe glücklich jauchzend auf die unten gestapelten Strohballen zu stürzen. Besonders in solchen Momenten hätten wir nie mit Stadtkindern getauscht!

Einmal hatte die Katze ihre Jungen in einer alten Kiepe zur Welt gebracht, sie aber anschließend mehrere Male mit ihrem Maul woanders hingeschleppt. Manchmal bekamen wir mit, daß der Bauer die Jungen in einen Sack steckte, ihn oben mit einem Bindfaden zuschnürte und mit dem Trecker wegfuhr.

Anfangs glaubten wir, er würde die Kätzchen verschenken, später begriffen wir jedoch, daß er sie wahrscheinlich im Mühlenbach ertränkt hatte.

Mit derartigen Vorkommnissen wurde man in ländlichen Gegenden auch als Kind täglich konfrontiert. Man lernte früh, daß das Schicksal unerbittlich sein kann und daß Geburt und Tod zum Leben gehören. Auf dem Lande fand seit jeher das prallere Leben statt, und dementsprechend deftiger waren Sitten, Ausdrücke und Gerüche. Über zimperliche und wehleidige Menschen rümpfte man verächtlich die Nase und nannte sie "Memmen".

Schlachtefest

Bei uns zu Hause wurde beispielsweise ebenfalls Jahr für Jahr ein Schwein gemästet, und wir bekamen es als niedliches Ferkel. Wir Kinder halfen beim Füttern und Ausmisten des Stalles, und später vollführten wir manchmal wilde, aber kurze Ritte auf seinem Rücken.

Wenn es dann dick genug "angefüttert" war, wurde ein Termin zum Schlachten festgesetzt, meistens Ende November oder Anfang Dezember.

Schon tagelang vorher liefen die Vorbereitungen dafür auf Hochtouren. Im ganzen Haus herrschte eine gewisse Anspannung, und es wurde ungemütlich. Überall standen riesige Wannen, Schüsseln, Bottiche, Zuber und Gerätschaften. Möbel wurden umgeräumt, und nichts stand mehr an seinem gewohnten Platz.

Der Schlachtermeister und seine Helfer erschienen immer sehr früh am Morgen. Er war ein ruhiger und ernster Mann, aber wir Kinder hielten stets Abstand zu ihm, da wir wußten, daß er das Schwein erschoß.

Wenn diese Viecher bloß nicht immer so herzzerreißend quieken würden! Als ob sie ahnten, was mit ihnen geschehen sollte! Wenn es aus dem Stall getrieben wurde, liefen wir bis vorne an die andere Straße und hielten uns die Ohren zu, weil wir das markerschütternde Quieken und den todbringenden Schuß nicht hören wollten.

Erst, wenn alles still war, wagten wir uns zurück. Dort sahen wir dann die Sauerei im wahrsten Sinne des Wortes! Das Schwein hing mit dem Kopf nach unten an einem Krummholz an der Wand. Alle Körperhaare und die Borsten waren bereits mit einer "Glocke" und viel kochendem Wasser sorgfältig abgeschabt worden. Das war immer <u>der</u> Moment, in dem erstmal der übliche Schnaps herumgereicht wurde.

Danach setzte der Schlachter dann einen tiefen, langen Bauchschnitt beim Schwein, und sofort quollen die Gedärme hervor und landeten in einer dafür bereitgehaltenen Wanne.

Die Frauen verquirlten währenddessen schon das Blut für die Rotwurst, und andere Helfer begannen, die Därme zu säubern.

Spätestens in diesem Augenblick entfernte ich mich meistens von dieser furchterregenden Stätte des Grauens. Wenn ich heute daran zurückdenke, wundere ich mich, daß keiner von uns Vegetarier geworden ist.

Wenn die Außenarbeiten beendet waren, ging alles in der Küche weiter. Das Fleisch wurde gekocht oder zerkleinert und zum Teil zu Gehacktes und Wurst verarbeitet.

Das fertige Gehacktes schmierten die Frauen gleich auf viele Brötchenhälften, und jeder konnte sich erstmal zwischendurch stärken.

Zu einem Schlachtefest gehörten zwei spaßige Rituale. Zum Beispiel befestigte jemand heimlich bei einer ahnungslosen Person den Schweineschwanz an Kittel oder Hose, und diese gefoppte Person lief den ganzen Tag zur Schadenfreude der anderen damit herum und wußte nicht, warum alle sie so albern angrunzten.

Der zweite Schabernack wurde mit der Schweineblase veranstaltet, die vorher zum Austrocknen aufgeblasen worden war. Der Schlachtermeister forderte einen Neuling auf, einen Teller zu holen. Dann löste er wichtigtuerisch das Band, hielt die Blase über den Teller und ließ behutsam die Luft entweichen. Der jeweilige Helfer verfolgte diese Handlung gespannt und reagierte natürlich mit Erstaunen und dummem Gesichtsausdruck, wenn dabei nichts weiter passierte, und damit bereitete er allen eingeweihten Beobachtern ein diebisches Vergnügen.

Beim Kochen des Fleisches und der Wurst fiel stets ein großer Kessel voll leckerer Brühe an, die wir vorsichtig in kleinen Eimern, Milchkannen oder Kochtöpfen zu Nachbarn und Bekannten trugen. Bei guten Freunden schwamm zusätzlich ein dickes Stück Steeke darin.

Der Schlachtetag endete immer erst sehr spät abends, weil anschließend noch Unmengen von Geschirr und Behältern und sämtliche Fußböden mit Seifenlauge abgeschrubbt werden mußten.

Am nächsten Tag gingen wir dann mit gefüllten Wurstdosen auf dem Handwagen zu unserem Klempner. Der besaß eine Maschine, die passende Deckel auf die Dosen preßte und sie dabei verschloß. Zu Hause wurden die Büchsen danach noch zwei Stunden lang "zugekocht".

In den folgenden Wochen hing die Decke unserer Speisekammer von vorne bis hinten mit Reihen verschiedener Sorten Darmwurst voll, und es duftete so köstlich, daß einem das Wasser im Munde zusammenlief. Alle paar Tage mußten die Würste von außen mit einem sauberen Tuch abgewischt werden, damit die austretende Feuchtigkeit nicht zu schimmeln begann. Sie wurden dann auf ihren Stangen hängend in unserem eigenen Schornstein geräuchert, ebenso der Schinken. Der lag aber vorher erst wochenlang zusammen mit Speck und Fleischstücken in einer großen Molle mit Salzlake, und jeder, der die Speisekammer betrat, hatte die strikte Anweisung, Schinken und Pökelfleisch mit Hilfe einer bereitliegenden Holzkelle mit dieser Lake zu übergießen.

Bei solchen Aufgaben wurden wir Kinder stets mit einbezogen, und so lernten wir ganz nebenbei, wie mühsam die Beschaffung von täglicher Nahrung für Selbstversorger ist.

Alle Menschen, die mal schlechte Zeiten erlebt haben, vergessen sie vermutlich nie. Bei uns zu Haus war es üblich, immer erst <u>die</u> Lebensmittel zu verwerten, die unbedingt weg mußten.

Das betraf zum Beispiel Reste vom Mittagessen, älteres Brot, Aufschnitt vom Vortage, mickrige Wurststummel, angeschlagenes Obst oder andere minderwertige Gartenerzeugnisse.

Auf diese Weise brauchten wir kaum verdorbene Nahrungsmittel wegzuschmeißen, und dieses Verhalten ist uns Geschwistern derart in "Fleisch und Blut" übergegangen, daß wir mit unseren eigenen Familien noch heute alle nach diesem Prinzip leben, das da lautet: Es wird nichts Neues aufgemacht, bevor das Alte nicht verzehrt ist.

1952 **Wetten**

In dieser Zeit schlossen wir mit Begeisterung täglich irgendwelche Wetten ab.

Zum Beispiel, wer am weitesten oder im höchsten Bogen pullern konnte und dabei auch noch am besten in die schmale Gosse unseres überdachten Hofes traf.

Ebenfalls gerne getestet wurde, wer auf Kommando rülpsen oder am längsten die Luft anhalten konnte, auch unter Wasser in der Badewanne.

Beliebt war weiterhin die Variante, auf dem linken oder rechten Bein stehend "Schwalbe" zu spielen, ohne dabei umzukippen. Wer auf Befehl nach hinten weg ein eindeutiges Geräusch von sich geben konnte, hatte mit Sicherheit die Lacher auf seiner Seite.

Nicht zuletzt spielten wir wie alle Kinder gerne "Lama". Dabei wurde festgestellt, wer am weitesten gezielt spucken konnte, – das brachte einem ebenfalls allgemeine Anerkennung.

Ein immer wiederkehrendes Ärgernis für meine Eltern war unser ausgelassenes Herumtollen in den Betten vor dem Einschlafen.

Eines Tages hatte Gunni mich mal sehr verärgert, und ich trug den Groll gegen sie bereits den ganzen Tag mit mir herum. Abends im Bett bot sich dann eine Möglichkeit zur Vergeltung.

Ich stichelte also: "Um was wollen wir wetten, daß du es nicht schaffst, so lange die Beine über den Kopf nach hinten gegen die Wand zu halten, bis ich wieder zurück bin vom Klo?"

Sie ging sofort darauf ein. "Na klar, Mensch, das is doch wohl 'ne Kleinigkeit, das schaff ich leicht, da brauch ich nich drum zu wetten!" "Na, das kann ja sein, aber wehe, du nimmst die Beine zwischendurch runter, dann gilt die Wette nicht!", ermahnte ich sie.

Nun also – gesagt, getan. Ich lief aus dem Zimmer und schnurstracks zu meinen Eltern.

"Papa, ich kann nicht schlafen, weil Gunni so im Bett rumtobt.", petzte ich.

Mein Vater war gleich aufgebracht und begleitete mich nach oben.

Dort lag meine Schwester mit den Beinen über dem Kopf und das Nachthemd war bis unter ihre Achseln gerutscht. Ihr blanker "Vollmond" leuchtete so einladend, daß mein Vater seine große Hand umgehend draufklatschen ließ, bevor sie überhaupt irgendwas kapiert hatte.

"Au", brüllte sie. "Oh, bist du gemein, du hinterlistiges Biest, und sowas Gemeines will meine Schwester sein! Na warte, das kriegste wieder!" heulte sie auf.

Papa sagte nur: "Ihr sollt schlafen, verdammt noch mal!", und haute ab.

"Siehste", sagte ich zickig zu ihr, "das war jetzt meine Rache für heute morgen, und damit sind wir quitt!"

So richtig wohl fühlte ich mich in dem Moment aber doch nicht in meiner Haut.

Sommerfreuden

Die beste Zeit des Jahres war für uns natürlich der Sommer. Unser Elternhaus stand am Ende einer breiten Sackgasse, dadurch ergab sich ein großer Spielplatz. Ganz um das Haus herum lag ein riesiger Garten, den man von allen Seiten betreten konnte. Darin hatten wir eine richtige Brause, zwei Schaukeln, einen Sandplatz und einen großen Holzzuber bis oben mit Wasser befüllt zum Planschen. Zwischen zwei Bäumen schwang eine Hängematte, und zwei Liegestühle gab es auch. Wir Kinder lagerten aber meistens auf alten Decken. Einen Tag, bevor das Gras gemäht wurde, durften wir es allerdings nicht mehr betreten. Wir haben noch heute alle Omas Order im Ohr: "Poost mich bloß das Gras nich runter! Wie soll man das denn sonst mähen?"

Wir spielten also stattdessen Blindekuh oder kletterten in die Bäume. Irgendwelche Früchte waren immer reif, und so konnten wir uns sofort von der Hand in den Mund bedienen, obwohl Oma es gar nicht gerne sah, wenn wir uns zum Beispiel die Erdbeeren selbst pflückten. Das mußten wir stets heimlich und schnell machen, denn wir wußten, daß sie sonst zetern würde: "Raus da, trampelt mich ja nich zwischen meine Erdbeeren rummerher!"

In unserer Nachbarschaft gab es jede Menge Kinder, laut Oma "ein halb Schock". Alle zusammen ergaben eine wilde Horde, und wir trafen uns überwiegend auf der Straße. Dort konnte man Ballspiele machen, mit Stelzen laufen, Seil hüpfen, Lackbilder tauschen, Murmeln, Himmel und Hölle und Verstecken spielen.

Als wir größer wurden, erweiterten sich natürlich die Möglichkeiten noch. Viel Spaß hatten wir zum Beispiel bei Völkerball oder beim Städteraten, und fast alle besaßen später auch Rollschuhe. Besonders aufregend waren unsere Schnitzeljagden, die oft durch die Lehmkuhle hoch ins Bredelemer Holz führten und mehrere Stunden dauerten.

Am Abend saßen die Erwachsenen meistens vor ihren Häusern auf Holzbänken und unterhielten sich. Nebenbei pulten sie Erbsen aus, schnippelten grüne Bohnen, schälten Spargel, Äpfel oder Birnen, entkernten Kirschen oder säuberten Erdbeeren. Dabei lernten wir: Die guten ins Töpfchen, die schlechten ins Kröpfchen!

Meine Mutter handarbeitete zusätzlich auch gerne und sehr gut. Wenn eine Nachbarin mal keine Arbeit hatte oder mit der eigenen bereits fertig war, half sie ganz selbstverständlich woanders mit.

Wir Kinder übten in der Zwischenzeit auf unseren Flöten, spielten Federball, Stadt-Land-Fluß und später auch noch Hula-Hoop.

Natürlich mußten wir oft helfen und sangen dabei gemeinsam Volkslieder. Ein Nachbar besaß eine Quetschkommode. Manchmal holte er sie raus und spielte uns "einen auf". Dann wurde es richtig gemütlich, und es dauerte nicht lange, bis eine "Pulle Schluck" irgendwo auftauchte.

Wenn es so duster geworden war, daß man draußen nichts mehr tun konnte, riefen die Erwachsenen: "Feierabend, es ist Schlafenszeit, sonst holen euch die Eulen, und morgen ist auch noch ein Tag!" Wir fanden es immer sehr schade, wenn so ein schöner Sommertag zu Ende sein sollte.

Herrlich aufregend war die Zeit der Kornernte. Die ganze vordere Straße stand dann von hinten bis vorne voll mit Fuhrwerken, denn um die Ecke befand sich die Mühle mit der Dreschmaschine. Ein Pferdewagen reihte sich an den anderen, und alle waren hoch beladen mit Roggen oder Weizen.

Jeder wartete darauf, beim Dreschen dranzukommen, überall herrschte reges Treiben, und wir Kinder liefen neugierig dazwischen herum.

Ein tolles Erlebnis wurde es, wenn uns jemand auf ein Fuder hochhob und wir von ganz oben, auf Korngarben thronend, das Geschehen verfolgen konnten.

Stroh und furchtbar viel Staub flog durch die Luft, die Dreschmaschine rüttelte und lärmte durchdringend, und die Menschen mußten sich alles laut zurufen.

Räder und Achsen der Wagen quietschten, Ketten klirrten und die Pferde schnaubten, wieherten oder stampften ungeduldig. Es roch nach Getreide, Staub, Schweiß und Pferden.

Überall auf der Straße lagen Pferdeäpfel, die aber schnell von den Schrebergartenbesitzern des Hüttenkamps mit Schaufeln eingesammelt wurden, weil sie prima Dünger für die Beete abgaben.

Brauchte ein Bauer seine Pferde dringend zu Hause, spannte er sie aus. Wenn sein Wagen dann wieder ein Stück aufrücken sollte, versuchten alle Anwesenden, das Fuder mit vereinten Kräften weiterzuschieben. Schafften sie es aber nicht, spannte ein Bauer aus den hinteren Reihen seine Pferde aus und erledigte das Vorziehen mit deren Kräften. Dafür mußten die da natürlich wieder eingespannt werden, und so ging es dauernd hin und her. Manchmal wurden zwei kleinere Fuhrwerke auch einfach direkt aneinandergekoppelt.

Wir schleppten für die durstigen Rösser immer mal wieder volle Wassereimer über die Straße, oder wir transportierten die schweren Eimer praktischerweise gleich mit dem Handwagen dorthin.

Als wir größer waren, halfen wir beim Dreschen auf dem oberen Boden des Speichers. Wir mußten die gebündelten Strohballen von der Maschine abnehmen und weiterreichen.

Das hatte schnell vor sich zu gehen und war auf Dauer recht anstrengend. Hinterher schmerzten Rücken und Schultern, Arme und Beine waren zerkratzt und Augen, Ohren, Mund und Nase voller Staub.

An der Kleidung hafteten Grannen und Stroh, und die Haare waren trotz Kopftuch waschreif, aber alle Helfer empfanden stolze Freude über die gemeinsam erbrachte Leistung und bestätigten sich gegenseitig am Schluß zufrieden: "Viele Hände machen vieler Arbeit ein Ende!"

1952 **Wasserratten**

Der Sommer war für uns besonders deswegen die schönste Jahreszeit, weil die gesamte Familie aus "Wasserratten" bestand und jede Möglichkeit zum Schwimmen wahrnahm.

Gunni war zum Beispiel nur mit Gewalt aus dem Wasser zu kriegen, auch dann, wenn sie schon blaue Lippen hatte und bibberte.

Wir Kinder haben alle spätestens mit acht Jahren unser Freischwimmerzeugnis und mit zwölf Jahren das Fahrtenschwimmerabzeichen gemacht.

Unsere Gemeinde besaß ein Schwimmbad, das wir an den heißen Wochentagen besuchten. Aber am Wochenende fuhren wir oft mit den Eltern auf den Fahrrädern zum circa zwölf Kilometer entfernten Waldbad des Luftkurortes Lautenthal.

Die Fahrradtour dorthin führte durch das wunderschöne Lindthal, das später leider den Wassermassen der Innerste-Talsperre zum Opfer fiel, und unterwegs legten wir immer eine Rast ein, da die Straße mehrere Steigungen aufwies. Dabei stärkten wir uns genüßlich mit dem mitgeführten Brot und dem Himbeerwasser "Marke Eigenbau".

Der Eintritt in das Bad kostete dann fünfzig Pfennige für Kinder und eine Mark für Erwachsene. Das war zwar etwas teurer, aber dafür bot uns diese Badeanstalt eine Menge Abwechslung.

Es gab neben einem Kiosk ein kleines Café, zwei riesige Liegewiesen, einen sehr großen Sandspielplatz, drei Schaukeln, ein Karussell, zwei verschieden tiefe Kinderbecken, ein flaches Baby-Planschbecken, ein ganz großes Schwimmbekken mit drei Sprungtürmen und vor allem die tolle Rutschbahn. An der konnten wir gar nicht schnell genug die Leiter hochklettern, so erpicht waren wir darauf, wieder runterrutschen zu können.

Wenn viel Betrieb war, mußten wir oben warten und wurden richtig ungeduldig. Kam man dem Vorgänger aber zu schnell hinterher, landete man schon mal auf seinem Buckel und machte sich unbeliebt. Beim Abwärtsrutschen waren jede Menge Stellungen möglich. Wir hatten jedoch am meisten Spaß daran, bäuchlings hinabzuflutschen, und vorzugsweise sogar rückwärts, mit den Füßen voran.

Wir tauchten ebenfalls sehr gerne und holten unten eingehängte Ringe vom Beckenboden hoch. Manchmal schwammen wir uns unter Wasser entgegen, schauten uns so nah wie möglich in unsere glubschigen Froschaugen und strampelten prustend vor Lachen wieder nach oben.

Zwischendurch forderten wir unsere Eltern auf, die Eleganz unserer Kopfsprünge zu beurteilen und Noten dafür zu vergeben.

Wir wetteten gerne, wer am längsten tauchen oder die weiteste Strecke unter Wasser zurücklegen konnte.

Ich war sieben Jahre alt und noch nicht freigeschwommen, da hat mich mein Vater mal mit fünfzig Pfennig geködert, vom Dreimeterbrett zu springen. Ich hatte mir extra eine Korkweste umgeschnallt, und Papa wartete unten im Wasser auf mich. Der Bademeister wußte, daß Papa DLRG-Schwimmer war, und drückte ein Auge zu.

Also holte ich tief Luft, hielt mir die Nase zu und sprang todesmutig nach unten. Von dem verdienten Fünfziger kaufte ich mir dann stolz ein Eis am Stiel.

Der Bademeister kannte mich gut und war mein Freund, weil er mich ein Jahr vorher gerettet hatte. Und das kam so: Obwohl ich mit meinen sechs Jahren natürlich noch nicht freigeschwommen war, durfte ich in seinem und Mamas Beisein von einem erhöhten Steg aus den Kopfsprung üben, und beide gaben mir dafür jedesmal Ratschläge.

Unter dem Steg befand sich eine Holztrennwand im Wasser, die von Jugendlichen neckischerweise unten mit Totenköpfen bemalt worden war.

Einen Sprung muß ich dann wohl zu steil ausgeführt haben. Ich machte tief unten eine Rolle vorwärts und geriet beim Auftauchen mit dem Kopf irgendwie unter die Holzwand. Ich drückte mich schnell von ihr weg und riß die Augen auf, um mich zu orientieren.

Mein Blick traf nun aber genau auf einen von diesen grauenhaften Totenköpfen.

Erschreckt strampelte ich jetzt mit Armen und Beinen und wäre vermutlich auch alleine nach oben gekommen, aber da hielt mich der Bademeister bereits fest im Griff. Er war mir in voller Montur hinterhergesprungen, weil mein Auftauchen beunruhigend lange gedauert hatte.

Als ich mit ihm oben ankam, japste ich gierig nach Luft und fragte ihn überrascht: "Hast du etwa noch alle Sachen an? Wieso habe ich eben lauter Totenköpfe gesehen? Was war denn los?" Er erwiderte: "Na, meine Sachen wollte ich nicht waschen, aber lieber mal nachgucken, was du da unten eigentlich so lange treibst!"

Mama war sehr froh und nahm mich in die Arme. Dann ließ sie sich erstmal alles von mir erzählen und half mir in trockene Kleidung.

Nachdem sich der Bademeister auch total umgezogen hatte, lud Mama ihn zu Kaffee und Kuchen ein. Ich bekam einen Kakao, und Herrn Klaus fiel ein, daß ich im Jahr vorher schon mal in Schwierigkeiten gewesen war. Er sagte: "Na, Mädchen, du beschäftigst mich ganz schön – aber für die Wespen konntest du ja nichts, die haben dich verdammt gepiesackt!"

Na, und ob das stimmte! Und das wußte Mama genausogut! Auf der Liegewiese war ich nämlich von mehreren Wespen auf einmal in die nackten Beine gestochen worden.

Damals war ich schreiend wie am Spieß zu Herrn Klaus gelaufen und wurde richtig verfolgt von den wildgewordenen Biestern.

Er hatte mich dann erstmal beruhigen müssen, bevor er die vier Stiche verarzten konnte. Ich erinnerte mich vor allem noch genau an die fürchterlichen Schmerzen und die roten, geschwollenen Stellen.

Darum erklärte ich beiden: "Das war aber viel schlimmer als heute, das kann man gar nicht vergleichen, da würde ich mir lieber noch mal die Totenköpfe angucken als diese schlimmen Stiche auszuhalten!"

Hierauf lächelten sich Mama und Herr Klaus an, und Mama strich mir über den Kopf.

Das waren nun also die Geschichten von meiner speziellen Freundschaft mit dem Bademeister.

Aus der vorangegangenen Beschreibung läßt sich ja klar erkennen, daß mich mein Unterwasser-Abenteuer nicht im geringsten davon abhielt, trotzdem eine begeisterte "Wasserratte" zu bleiben. Ganz im Gegensatz dazu reagiere ich noch heute fast hysterisch, wenn mich irgend etwas anfliegt, auch dann, wenn es nur harmlose Junikäfer sind.

1953 - Papa als "Hahn im Korb"

1953 **Zwei gegen eine**

Einer der Nachbarjungen war zwei Jahre älter als ich und so'n richtiger Neidhammel. Er fand seit jeher Freude daran, mich zu ärgern. Sein Pech bestand darin, daß ich ihn inzwischen um einen ganzen Kopf überragte und daß mein Vater uns Mädchen ein paar Tricks zur Selbstverteidigung beigebracht hatte.

Eines Tages prügelte ich mich jedenfalls mal wieder mit diesem Giftzwerg und ging zu seinem Erstaunen als klarer Sieger nach Punkten aus dem Kampf hervor.

Als ich am nächsten Tag von der Schule kam, lauerte mir hinter der letzten Straßenecke seine Mutter heimtückisch auf. Sie stürzte sich wie eine Furie auf mich und hielt mir beide Arme fest. Dabei rief sie rachsüchtig: "Komm, ich hab sie, nun mach!"

Ich war total überrumpelt und völlig perplex, fing aber sofort an, mich gegen ihren Klammergriff zu wehren. Plötzlich sprang Harald hinter ihr hervor und schlug mit seinen Fäusten blindlings auf mich ein. Ich versuchte natürlich verzweifelt, mich zu befreien und kratzte und keilte nach allen Seiten aus.

Meine Mutter war wohl durch das Geschrei aufmerksam geworden. Obwohl sie sich normalerweise immer aus allem heraushielt, kam sie nun jedoch wutentbrannt angelaufen. Ihre Augen funkelten böse und sie beschimpfte Haralds Mutter empört.

Ich hörte von ihr Ausdrücke wie Gemeinheit, Niederträchtigkeit, Schande und Schäbigkeit.

Haralds Mama meckerte erregt und mit hochrotem Kopf zurück, ließ mich dabei aber endlich los. Harald hörte auf zu schlagen, und ich lief entrüstet schluchzend zu Mutti.

Die beiden Frauen zankten noch eine Weile weiter, aber dann drehte sich meine Mutter abrupt um und zog mich mit sich fort.

Dabei rief sie verachtungsvoll nach hinten über ihre Schulter: "Pfui, schäme dich! Und du warst mal meine Klassenkameradin!"

"Und du hast dich schon immer für was Besseres gehalten, du eingebildetes Weib, aber mein Sohn ist mehr wert als deine drei Blagen zusammen!" keifte Haralds Mutter hinter uns her.

Darauf schüttelte Mutti bloß den Kopf und sagte zu mir: "Halte dich in Zukunft von denen fern!"

Nach diesem Vorfall gingen beide Familien für viele Jahre auf Distanz.

Winterfreud' und Winterleid

Meine hiesigen Bekannten sind jedesmal fassungslos vor Ungläubigkeit, wenn sie von mir hören, daß ich nicht Ski fahren kann. Sie wissen, daß ich am Rande des Harzes aufgewachsen bin, und können sich das nicht vorstellen. Heute ist ja alles viel einfacher, denn man hat in der Regel auch das Geld für die Skiausrüstung.

Für so etwas war unser Geld aber damals zu schade. Wir brauchten es für wichtigere Anschaffungen wie Nahrung, Kleidung, Wäsche, Schuhe, Fahrräder und Möbel.

Jeder von uns besaß hohe Winterstiefel, da der Schnee oft kniehoch lag. Wir hatten auch keine Schlittschuhe, dafür aber drei Rodel.

Unser Hausberg, der Kanstein, war relativ nahe, und dort ging es richtig zur Sache, weil er eine lange, steile Abfahrt bot. Immer und immer wieder stapften wir keuchend, doch unverdrossen, die lange Strecke zurück nach oben, den Schlitten im Schlepp. Wir wußten ja, daß wir für unsere Mühen belohnt wurden.

Mit lautem Geschrei und wahrer Begeisterung sausten wir jedesmal nach unten. Stundenlang erklangen Rufe wie: "Bahn frei, Bahn frei! Hilfe, ich komme!" Ein Junge erklärte stets, und es fiel ihm wirklich nie etwas anderes ein, wenn er durchgerüttelt unten ankam: "Boh, das war 'ne bannige Fahrt!"

Wir machten uns einen Spaß daraus und übernahmen diesen Spruch als Schlagwort.

Man konnte sich jedoch auch sehr weh tun, wenn der Schlitten über einen dicken Huckel holperte oder eine versteckte Wurzel die rasante Fahrt abblockte.

In der Rodelzeit hatten wir immer viele blaue Flecken am Körper, die wir jedoch für dieses tolle Vergnügen gerne in Kauf nahmen. Manchmal schlugen wir uns sogar den Kopf an oder prellten uns irgend etwas schmerzhaft, wenn der Schlitten in voller Fahrt umkippte.

Einmal raste mir ein Mädchen mit einem "Affenzahn" über das Fußgelenk, und nur der dicke Stiefel hat eine schlimmere Verletzung verhindert. Im allgemeinen waren unsere Blessuren noch normal, aber ein kleiner Junge brach sich mal eine Rippe.

Ein anderes Wintervergnügen war das Schlittern. Je öfter die Spur benutzt wurde, desto glatter wurde sie. Viel Spaß hatten wir ebenfalls beim Bauen eines Iglus oder eines Schneemanns bei uns im Garten.

Der Schneemann erhielt zwei Eierkohlen als Augen, eine schön gewachsene Mohrrübe als Nase und eine entsprechend zugeschnittene Möhre als lachenden Mund. Auf seinem Kugelkopf saß Opas alter Gartenhut, auf dem Bauch steckten Eierkohlen als Knöpfe und im Arm trug er einen Hofbesen.

Auch Schneeballschlachten waren allseits beliebt, und man konnte andere prima ärgern, wenn man ihnen mit Schnee eine naßkalte "Abreibung" im Gesicht verpaßte.

Unser Garten wies zu unserer Freude auch zwei sanfte Hügel auf. Von denen ließen wir uns seitlich runterkullern, oder wir schlugen bergab gleich mehrere Purzelbäume hintereinander.

Sehr oft bekamen wir eiskalte Füße und steife Finger, und dann machten wir den "Hampelmann". Wenn das nichts half, gingen wir zum Aufwärmen ins Haus, wußten aber genau, was uns erwartete. Die plötzliche Wärme an Omas schönem Ofen bewirkte meistens in Zehen und Fingern einen schrecklichen Heißkribbel. Heulend vor Schmerzen führten wir kleine Veitstänze auf, und anschließend waren Hände und Füße knallrot.

Im Winter bildeten sich an allen Schlafzimmerfenstern von innen dicke Eisblumen, und deshalb ging man gerne mit Wärmflasche und Bettsocken schlafen.

Männer mit Glatze, wie mein Opa, zogen sogar eine Nachtmütze auf den Kopf.

Frühmorgens leerte Oma zuerst alle Aschekästen der Öfen in die Mülltonne. Dann fachte sie mit Papier und Anmachholz das Herdfeuer in der Küche an und legte etwas später ein Brikett nach. Wenn sich genug Glut gebildet hatte, nahm sie eine kleine Kohlenschaufel und trug ein bißchen davon vorsichtig in den mit Holzstücken vorbereiteten Stubenofen. Auf diese Weise brannte auch dort das Feuer recht schnell, und nun konnte Oma endlich die Wasserkessel auf die heißen Ofenplatten setzen.

Wir waren ihr alle sehr dankbar, wenn wir morgens in warme Räume kamen und füllten deshalb bereitwillig sämtliche Vorratskörbe, die Holzkiste und den Kohlenkasten wieder mit Heizmaterial für den kommenden Tag auf.

Jedes Familienmitglied hatte die unbedingte Pflicht, tagsüber ständig mit auf die Feuerstellen zu achten und gegebenenfalls Holzscheite oder Briketts nachzulegen, und das tat man mit Sicherheit schon im eigenen Interesse.

Im Winter konnten wir auch manchmal erst aus dem Haus gehen, wenn jemand Schnee geschippt hatte. Bei Tauwetter hielt man sich besser etwas abseits vom Haus auf, denn dann rutschten des öfteren kleine Lawinen vom Dach herunter oder Eiszapfen brachen von der Regenrinne ab.

Ein Winterspaziergang bei Sonnenschein versetzte die ganze Familie in helles Entzücken. Der Schnee glitzerte und funkelte nur so, die Luft war klar und die Bäume wirkten wie mit Puderzucker überstäubt. Wir machten uns gegenseitig auf die Schönheiten der Natur aufmerksam und entdeckten in der Landschaft immer wieder bizarre Gebilde. Bei jedem Schritt knirschte der Schnee unter unseren Füßen, und die Augen wurden stark geblendet.

Helmi hat mal aus Quatsch ihre Zunge an unser Außengeländer gehalten, und die Zunge war sofort wie angefroren. Mama mußte schnell mit warmem Wasser kommen, damit sich die Zunge ohne Probleme ablösen ließ. Das hat jedenfalls keiner von uns noch einmal probiert!

Bei Eis und Schnee benutzten wir für größere Einkäufe überwiegend den Schlitten. Wir besaßen aber außerdem noch einen Sitzschlitten für Kleinkinder. Der hatte hohe Rückenlehnen, war seitlich geschlossen und bot reichlich Platz für Kind, Kissen und Decken.

Als wir Teenager waren, kaufte sich Papa dann <u>doch</u> ein Paar gebrauchte Skier, und Gunni bekam Skistiefel, damit sie auch mal damit laufen konnte.

Eines Tages zog <u>ich</u> mir kurzentschlossen dicke Wollsocken an, schnürte mir die Stiefel und schlüpfte in die Bindung. Dann wollte ich mit den für mich viel zu langen Brettern zum Junkernberg, schaffte es aber nur, bis zum Glockenkamp zu stakeln.

Jedesmal, wenn ich mich langlegte, und das passierte sehr oft, ging die Bindung auf, und ich mußte dem Ski zwecks Einfangen hinterherhoppeln. Es dauerte nicht lange, und ich hatte große, schmerzende Blasen an den Hacken, weil mir auch die Schuhe zu groß waren.

Ich trug einen parchenen Trainingsanzug und darunter einen Pullover. Da ich eigentlich mehr im Schnee lag als darauf zu fahren, bildeten sich durch die Feuchtigkeit an dem Anzug von oben bis unten mit der Zeit zahlreiche Eisklümpchen. Die klimperten bei jeder meiner Bewegungen, und deren Gewicht belastete mich noch zusätzlich.

Irgendwann hatte ich so die Nase voll von diesem Theater, daß ich die Skier über die Schulter nahm und entnervt zu Fuß nach Hause humpelte. Dieses nachhaltig enttäuschende Erlebnis hat mir für alle Zeiten das Skilaufen vermiest.

Etwas Gutes kam dabei aber heraus: Ich kann mir beim Wintersport auf Skiern auf keinen Fall meine Haxen brechen!

1954 **Prost, Opa!**

Opa hatte in früheren Jahren eine geraume Zeit bei den "Hottentotten", wie er sich ausdrückte, in Südwest-Afrika gelebt, weil es da Arbeit gab und er sehr viel mehr Geld verdienen konnte als in Deutschland.

Die exotischen Postkarten, die er an Oma geschickt hatte, waren für uns Kinder immer wieder höchst faszinierend. Darauf waren nämlich schwarze, bemalte, fast nackte Menschen mit wirren Haaren, furchtbar langen Ohrläppchen und riesigen Ringen durch Nasen oder Ohren abgebildet. Die Männer hielten Speere in der Hand, und manche Frauen besaßen unnatürlich lange Hälse mit Schmuck drum, oder Lippen bis übers Kinn. Wir waren froh, daß diese unheimlichen Menschen so weit weg wohnten. Opa erzählte uns manchmal von ihren

Sitten und Gebräuchen, und davor konnten wir uns richtig gruseln.

Durch seine eigenen Postkarten entwickelte sich Opas Hobby, das Briefmarkensammeln, und unser Vater übernahm die Alben später zur Vervollständigung. Opa kaufte sich von seinem Taschengeld jede Woche ein Rätselheftchen und löste alle Kreuzworträtsel darin mit wahrer Begeisterung. Diese Leidenschaft habe ich bestimmt von ihm geerbt, denn ich fülle jedes Rätsel aus, das mir in die Finger kommt.

Weiterhin engagierte sich Opa stark für Kommunalpolitik, konnte stundenlange Reden halten und war auch mal zum Bürgermeister gewählt worden. Wir Kinder hatten ziemlichen Respekt vor ihm, da er manchmal ein arger "Bollerkopp" sein konnte.

Es gehörte zu seinen Gewohnheiten, sich jeden Sonntagmorgen mit seinen Stammtischbrüdern bei Bokemüller im Gasthaus "Zum Löwen" zu treffen. Auf dem Tisch stand in der Regel eine "Pulle Schluck", und allein der Anblick konnte seine Stimmung schlagartig aufhellen. Oft kam er dann zum Mittagessen zu spät und Oma schimpfte mit ihm. Wenn sie sich aber zu sehr in Rage steigerte, bremste er sie auf Platt mit den Worten ab: "Jau, holdes Weib, dau hebbest Reckt un eck mine Rauhe", oder: "Schriew et meck up, dann läseck et meck naher in Rauhe dorch!"

In dieser Zeit bekamen wir mal einen Scherzartikel geschenkt, das war ein Glas mit doppeltem Boden und brauner Flüssigkeit darin. Es sah vollkommen echt aus.

Wir Mädchen kannten Opas Schwäche für jegliche Art von Spirituosen natürlich auch und wollten uns eines Tages einen Spaß mit ihm erlauben.

Gunni trug das Weinbrandglas ganz vorsichtig zu ihm hin, um bloß nichts davon zu verschütten. Dann sagten wir scheinheilig zu ihm: "Kuck mal, Opa, wir haben einen Schnaps für dich! Prost!"

Er nahm es überrascht, aber hoch erfreut entgegen, führte es genüßlich zum Mund, schmiß den Kopf in den Nacken und wollte "auf Ex" schlucken. Wir beobachteten ihn derweil listig grinsend und erwarteten sein Lachen. Aber er wurde fuchsteufelswild, knallte das Glas empört auf den Tisch und prahlte uns an: "Ihr frechen Bälger, ihr albernen Marakels, ihr habt wohl 'nen Wurm in der Birne, euern Opa so zu ärgern – raus mit euch, aber ganz fix nach butten, un' bleiwet meck erstemal von' Leiwe!" Das Ganze natürlich wie immer alles total auf Platt, aber das kann ich leider nicht mehr richtig wiedergeben.

Danach öffnete er die Tür und rief meiner Mutter zornig zu: "Elfriede, halte meck bloß disse dummen Kälbers von' Halse!"

Wir kratzten zwar vorsichtshalber gleich die Kurve, aber kicherten und freuten uns trotzdem über diesen gelungenen Scherz, und Gunni rief im Weglaufen noch schnell hämisch: "Angeschmiert, reingelegt – ätsch, ätsch, ätsch!"

1954 **Sauerkohl**

Seit einiger Zeit bemerke ich, daß Mutti blaß aussieht. Jeden Morgen ist ihr übel und sie muß sich übergeben. Wir Kinder machen uns natürlich Gedanken darüber und raten ihr, zum Arzt zu gehen.

Eines Tages hält Oma für die Nachbarinnen einen Kaffeeklatsch ab, und ich darf auch daran teilnehmen. Eine der Frauen möchte keine Sahne haben, weil sie nichts Fettes verträgt. Sie müsse sonst aufstoßen, und manchmal würde ihr davon ganz elend, erklärt sie Oma.

Bei diesen Worten werde ich aufmerksam und sage: "Mama muß sich direkt jeden Morgen übergeben, aber der Arzt sagt, daß sie gesund ist. Vielleicht verträgt sie ja auch nichts Fettiges!"

Plötzlich grinsen sich alle so verschwörerisch an, und Oma lächelt mir zu und erwidert: "Ach, die hat nur zuviel sauren Kohl gegessen, darüber mach dir man keine Gedanken!" Jetzt lachen sie alle erst richtig vergnügt auf, und ich begreife die Zusammenhänge noch weniger.

Was ist überhaupt saurer Kohl? Der schmeckt bestimmt sowieso nicht – und warum ißt Mama den dann, wenn ihr davon übel wird?

Noch unverständlicher finde ich, so etwas sogar so oft zu essen, daß einem jeden Morgen schlecht ist?!

Nun schüttele ich den Kopf und überlege laut: "Hm, das verstehe ich nicht. Mama sagt selbst immer: Dinge, die einem nicht bekommen, muß man aus dem Bauche lassen!" Jetzt kichern die Frauen noch mehr und einige hinter vorgehaltener Hand. Sie haben offensichtlich großen Spaß an meiner Bemerkung.

Komisch, die Erwachsenen benehmen sich oft so unbegreiflich, und selten geben sie vernünftige Erklärungen für etwas ab. Außerdem habe ich das Gefühl, daß sie sich über mich lustig machen, und das Ganze wird mir zu blöd. Also verlasse ich diese rätselhaften Weibersleute lieber, bin aber irgendwie verstimmt und sehr irritiert.

Dezember '54 **Wird es ein Bruder?**

Ich habe bemerkt, daß Mama immer dicker wird, und rate ihr, weniger zu essen.

Am nächsten Tag setzt sie sich mit uns zusammen und beginnt ein Gespräch "unter Frauen". Dabei erklärt sie uns, daß sie wieder ein Baby bekommt und ihr Bauch deshalb immer runder würde.

Wir freuen uns natürlich darüber, denn wir wissen alle, daß Papa sich von jeher auch einen Stammhalter wünschte. Helmi fragt, wann das Kind denn fertiggewachsen wäre, und ob es dann aus dem Bauchnabel gezogen würde.

Gunni macht einen etwas nachdenklichen Eindruck, und dann fällt ihr etwas ein. Sie fragt gewitzt: "Wenn ich einen Bruder habe, bekomme ich wohl später mal das Haus nicht?"

Das interessiert mich nun überhaupt nicht. Ich hätte gerne noch einen kleinen Bruder. Ich frage Mama, ob sie das mit dem Baby Papa auch schon eingeständen hätte.Und was man als Mutti noch dazu tun müßte, ein Kind zu kriegen, denn so ganz allein schafft der liebe Gott das doch wahrscheinlich auch nicht?

Irgendwo habe ich mal was aufgeschnappt von einem unnormalen Siebenmonatskind. Darum ermahne ich Mama nun, gut aufzupassen, daß es kein Siebenmonatliches würde!

Außerdem verspreche ich ihr, bei der Erziehung des Jungen zu helfen, und ich würde ihm schon beizeiten beibringen, kein Rüpel zu werden.

Mama erwidert lächelnd, daß das alles noch ein bißchen Zeit habe, und deshalb gehen wir wieder zur Tagesordnung über.

Abends frage ich Papa trotzdem: "Du weißt das doch auch schon von dem Baby, oder? Was machen wir denn, wenn es wieder ein Mädchen ist? Kann man das dann irgendwie umtauschen?"

Heutzutage wird eine fast Zehnjährige derartig naive Fragen nicht mehr stellen!

In den darauffolgenden Wochen benehmen wir uns Mutti gegenüber sehr aufmerksam und rücksichtsvoll. Wir helfen bereitwillig im Haushalt und tragen Einkäufe und volle Wäschekörbe für sie.

Auf den Straßen liegt mal wieder sehr viel Schnee, und an manchen Stellen hat sich Glatteis gebildet. Darum stützen wir unsere runde, etwas unbeholfene Mutter besorgt ab, damit sie nicht ausrutscht.

Ich habe allen Nachbarn und Freundinnen stolz erzählt, daß ich einen Bruder bekomme, und kann die Zeit kaum abwarten.

26.3.1955 **Sohn mit Zugabe oder 3 + 1 = 5**

Die Zeit vergeht, und Mama wird immer praller.

Eines Abends, wir liegen schon in unseren Betten, entsteht Unruhe im Haus. Dauernd laufen Personen die Treppe rauf und runter. Wir hören Oma und Papa flüstern, und es klingelt an der Haustür.

Unsere Mieterin klopft an unsere Tür und schaut kurz herein. "Ich will euch nur sagen, daß das Baby heute Nacht kommt. Bleibt bitte hier im Zimmer und versucht zu schlafen, es dauert noch eine ganze Weile."

Wir sind natürlich neugierig und etwas aufgeregt und unterhalten uns lieber.

Ich muß dann doch irgendwann eingenickt sein, denn ich erwache durch Omas Worte: "Wir können uns freuen, ihr habt einen Bruder!", und gleich danach ist sie wieder verschwunden. Schlagartig sind wir drei putzmunter und jubeln los: "Hurra, ein Junge, das ist ja toll, und Papa hat endlich seinen Stammhalter!"

Gunni sagt schelmisch: "So'n Mist, nun ist es passiert, jetzt krieg' ich nich das Haus!", freut sich aber trotzdem genauso wie wir. Gerade, als wir uns wieder etwas beruhigt haben, öffnet sich die Tür, und unsere Mieterin flüstert uns zu: "Es kommt noch eins!"

Wir sperren ungläubig Mund und Nase auf und brauchen einen Moment, um zu begreifen, daß unser Baby im "Doppelpack" geliefert wird. Mein lieber Scholli, dann sind wir ja fünf! Ganz erschüttert sagt Helmi: "Nun sind wir jedenfalls kinderreich."

Darauf entgegne ich: "Vielleicht ist das ja zusätzlich ein Junge, dann wär's irgendwie der gerechte Ausgleich!"

Wir "wundern" immer noch ziemlich fassungslos herum, als Oma hereinschaut und verkündet: "Euer Bruder hat sich zur Gesellschaft eine Schwester mitgebracht. Alle sind gesund, und Mama muß unbedingt schlafen. Schlaft ihr jetzt auch, und morgen früh könnt ihr die Babys sehen!"

Das darf doch nicht wahr sein, <u>noch</u> ein Mädchen! Nun sind wir aber erst richtig geplättet!

Immerhin finde ich Zwillinge ganz interessant, denn die hat schließlich selten mal jemand vorzuweisen.

Oh Mann, die werden bestimmt 'ne Menge Arbeit machen, denke ich, aber wir können die Kleinen ja viel spazierenfahren.

Etwas später setzt sich dann eine Überlegung in meinem Kopf fest, die mich nicht mehr losläßt: Um den ersehnten Sohn zu kriegen, müssen meine Eltern als Zugabe nun noch eine Tochter großziehen. Das ham'se jetzt davon!

Mit dieser abgeklärten Erkenntnis schlafe ich erstmal tief und fest ein.

13 Pfund Familienzuwachs

Heutzutage kann eine derartige Überraschung nicht mehr passieren. Frühzeitige Ultraschalluntersuchungen ermöglichen nicht nur das Feststellen einer Zwillingsschwangerschaft, sondern ergeben sogar das Geschlecht des Kindes.

Die Eltern erhalten eine Aufnahme davon und können so die Entwicklung ihres Nachwuchses genau verfolgen.

Damals gab es so etwas eben noch nicht, und Hausgeburten gehörten auf dem Lande zur Normalität. Man ging nur ins Krankenhaus, wenn schon vorher feststand, daß es Komplikationen geben würde.

Die Hebamme kam zur Entbindung ins Haus und danach täglich einmal zur Betreuung von Säugling und Wöchnerin.

Wir Schwestern waren durch die Geburt der neuen Kinder nun mit einem Schlag die "drei Großen" geworden.

Am nächsten Morgen schlichen wir leise zu Mutti ins Zimmer, um die Babys zu besichtigen.

Mama sah sehr erschöpft aus und hatte dunkle Ränder unter den Augen. Als sie uns begrüßte, lächelte sie aber tapfer und setzte sich vorsichtig auf. Wir umarmten sie der Reihe nach und fragten, ob es ihr gut gehe.

"Ja, es ist alles in Ordnung, jetzt guckt mal lieber in die Wiege!" forderte sie uns auf.

Also traten wir an die blaue, mit unserem Stammbaum bemalte Familienwiege. Und darin lagen sie, unsere beiden neuen Geschwister. Wir sahen nur die kleinen Köpfe und die winzigen Fingerchen, die uns total entzückten.

"Ach, wie süß, ach, wie niedlich, die sehen ja aus wie unsere Puppen", übertrafen wir uns gegenseitig in unserer Bewunderung.

Beide schliefen, und Mama erklärte uns, daß das Baby mit dem runderen Kopf das Mädchen sei. Das fand ich erstaunlich, denn meistens waren doch die Jungen größer.

Mama sagte: "Das Mädchen wiegt 7 Pfund und der Junge 6, der ist etwas schmaler. Für Zwillinge sind beide ungewöhnlich kräftig. Sie sind noch ein bißchen gelb im Gesicht, aber das geht schnell weg, und die paar Runzeln auch."

Wir betrachteten die beiden ehrfürchtig und bestaunten die kleinen Öhrchen und Näschen.

Plötzlich wurde das Mädchen unruhig und fing an zu quengeln. Daraufhin verzog der Junge ebenfalls sein Gesicht und knörte herum, und dabei schmatzte er so komisch mit den Lippen.

Deshalb vermutete Mama, daß die Babys hungrig seien, und direkt bei diesen Worten legten die beiden wie zur Bestätigung laut los.

Sie schrien aus vollem Halse, so daß die zahnlosen Kiefer zu sehen waren. Ihre Gesichtchen liefen rot an und die Hände fuchtelten wild herum. Ich hielt meinen kleinen Finger an die Hand von dem Mädchen, und sofort schlossen sich ihre Fingerchen fest um meinen. Wahrscheinlich genau zur rechten Zeit erschien jetzt die Hebamme, Frau Dicke, die aber gar nicht dick war, und hinter ihr betrat Papa das Zimmer. Wir begrüßten ihn herzlich mit einer Umarmung, und ich fand, er sah genauso mitgenommen aus wie unsere Mutter. Später erzählte sie uns mal, daß Papa bei der Ankündigung vom zweiten Baby so verstört reagierte, daß er der Bitte der Hebamme nach mehr heißem Wasser nicht nachkam und stattdessen erstmal einen großen Schnaps für sich holte.

Papa küßte Mama auf die Stirn und ging dann mit uns zur Wiege. Die Hebamme hielt bereits eins von den plärrenden Babys in den Händen, und Papa nahm vorsichtig das andere hoch. Sie brachten sie schnell zu Mama, die schon ihr Nachthemd aufgeknöpft hatte, und legten ihr jeden Schreihals in einen Arm.

Obwohl die Augen der Kleinen geschlossen waren, schnappten sie sich zielsicher die Brustwarzen mit dem Mund und begannen gierig daran zu saugen. Wir standen still um das Bett herum und beobachteten andächtig diesen schönen Vorgang. Man hörte nur noch das regelmäßige Schlucken, Schmatzen und Schnaufen der Säuglinge, und für alle war es ein richtig friedlicher Augenblick.

Mama sagte dann ganz ergriffen in die Stille hinein: "Nun wißt ihr bestimmt auch, warum es "stillen" heißt?!" Na, das war ja wohl offensichtlich, und wir nickten verständig. In dem Moment fühlte ich mich mit einem Mal schon fast erwachsen.

Frühjahr 1955

Nach den Osterferien wechselte ich in die Mittelschule unseres Ortes über, in der sich heute ein sehenswertes Heimatmuseum befindet. Alle Schüler brauchten eine Sporttauglichkeitsbescheinigung vom Arzt, und ich ließ mich deswegen von Dr. Schumrick untersuchen.

Er füllte das Formular mit seiner typischen Doktorschrift aus und verschrieb sich dabei. Natürlich wollte er seinen Fehler sofort korrigieren, aber ich winkte ab und sagte: "Herr Doktor, das könn'se sich sparen – <u>die</u> Krakelei kann sowieso kein Mensch lesen!"

Er schaute verblüfft auf, grinste mich breit an und erwiderte: "Das kann ja sein, ich darf aber nichts Falsches schreiben!", nahm ein neues Formular, bemühte sich um lesbare

Schrift und fragte mich anschließend, ob nun alles zu meiner Zufriedenheit wäre.

Später erzählte er meiner Mutter mal belustigt, dieser Dialog hätte seinen täglichen Praxistrott angenehm belebt.

'55

Wolfram und Martina, so heißen unsere Zwillinge, beschäftigen die Familie von morgens bis abends, und Mama hat noch nicht mal nachts ihre Ruhe. Wir großen Schwestern schmusen mit den niedlichen Babys viel herum und lernen gerne, wie man sie richtig badet und wickelt. Nach dem Stillen müssen sie immer ihr "Bäuerchen" machen, und dazu nehmen wir sie auf den Arm. Weil sie beim Aufstoßen oft spucken, legen wir uns vorsichtshalber vorher eine Lure oder Mullwindel über die Schulter.

Wenn das Wetter schön ist, fahren wir sie stolz im Doppelkinderwagen spazieren, denn Zwillinge kann schließlich kaum mal jemand präsentieren!

Es dauert nicht lange, und jede von uns ist im wahrsten Sinne des Wortes eine fast perfekte "Kinderschwester". Zum Glück gibt es aber genug Familienmitglieder, die sich bei den zahlreichen Aufgaben abwechseln können.

Wir Mädchen haben natürlich noch jede Menge andere Verpflichtungen wie Schule, Schulaufgaben, Einkaufen und Haushaltshilfe. Außerdem sind wir aktiv im Schwimm- und Turnverein, und ich betreibe zusätzlich leidenschaftlich Leichtathletik. Alle sind zudem begeisterte "Bücherwürmer" und können die Umwelt beim Lesen total vergessen.

Jede von uns trifft sich auch regelmäßig mit diversen Freundinnen, und deshalb bleibt es nicht aus, daß die Mithilfe bei der Kinderpflege manchmal zur lästigen Pflicht ausartet.

Als unsere "Wonneproppen" drei Monate alt sind, bekommen beide Keuchhusten. Da sie beim Husten meistens erbrechen, müssen sie sofort hochgenommen werden. Eine einzelne Person kann natürlich nicht gleichzeitig zwei kranke Babys auf den Arm nehmen und versorgen, darum wird Tina nachts von Oma in deren Schlafzimmer betreut. Einmal steht Mutti oben an der Treppe mit Wolfram auf dem Arm.Er hustet fürchterlich, und ich schaue hoch zu den beiden. Genau in diesem Moment muß er brechen, und der ganze Schwall ergießt sich in hohem Bogen auf mich und die unteren Treppenstufen.

Tina und vor allem Wolfram verlieren in dieser Zeit ein paar Pfund Gewicht. Die gesamte Familie ist glücklich und dankbar, als die Zwillinge diese böse Kinderkrankheit überstanden haben.

Sommer 1955 **Lecket meck an Aase!**

Inzwischen ist Sommer, beiden geht es wieder gut, und Mama stellt den Kinderwagen oft in den Garten an die frische Luft. Zum Schutz vor Fliegen und Bienen spannt sie dann noch eine Mullwindel vor die Öffnung des Wagendachs.

Unser Opa sitzt neuerdings ebenfalls viel im Garten, weil er Sauerstoff braucht. Er genießt das schöne Wetter und achtet nebenbei auf die Kinder. Merkwürdigerweise schenkt er Tina erheblich mehr Aufmerksamkeit als dem Stammhalter. Er bezeichnet die Babys als "disse neudlichen Sültenköppe" und drückt damit unbeholfen seine besondere Art zärtlichen Wohlwollens aus.

Eines Tages stören sie sein Ruhebedürfnis jedoch gewaltig. Sie knören und quengeln und brüllen schließlich im Duett.

Opa "schukkelt" den Kinderwagen anfangs geduldig auf und ab, vor und zurück und redet beschwichtigend auf sie ein. Das klappt aber nur für kurze Zeit, denn da sie hungrig sind, lassen sie sich nicht beruhigen und plärren weiter. Mama kommt gerade darauf zu, als bei Opa der "Geduldsfaden" endgültig reißt. Sie sieht amüsiert, daß er dem Kinderwagen gereizt einen kleinen Schubs versetzt und mit verärgertem Gesicht hinterherruft: "Hulet jue Snuiten, oder lecket meck an Aase!"

Die Zwillinge

1956 **Es schießt mir ein**

Bei einer großen Familie fällt immer sehr viel schmutziges Geschirr an, vor allem sonntags.

Oma wäscht die Berge von Tellern, Tassen, Bestecken, Schalen und Töpfen in einer großen Plastikschüssel ab, und das Spülwasser muß mehrmals ausgetauscht werden. In einer zweiten Schüssel wird nochmals alles durch klares Wasser gezogen, um Schaumrückstände zu entfernen.

Mutti füllt übriggebliebene Essensreste in kleinere Behälter um, säubert stark verschmutzte Teile vor und reinigt den Herd und die Ofenplatte.

Die jüngeren Schwestern müssen das Geschirr abtrocknen, und die älteste räumt es in die jeweiligen Schränke weg.

Ich habe oft rauhe Hände, und dann empfinde ich den Stoff des Trockentuchs an den Fingern als höchst unangenehm. An manchen Tagen ist es besonders schlimm, also habe ich für meinen Rückzug aus der Küche abwechselnd zwei Entschuldigungen parat. Einmal erkläre ich: "Ich muß mal. Komisch, wenn ich abtrocknen soll, schießt es mir immer ein!" Beim nächsten Mal beklage ich mich: "Ich kann diesen fiesen Stoff von den Trockentüchern nicht in der Hand ertragen. Davon juckt und kribbelt es mich am ganzen Körper. Nun guckt euch bloß mal meine Gänsehaut an, jetzt werdet ihr mir das wohl glauben!"

Alle Familienmitglieder kennen diese beiden Ausreden inzwischen zur Genüge. Darum fragen sie mich manchmal schon von sich aus spöttisch: "Na, schießt es dir wieder ein?"

Merkwürdig, kaum angesprochen, reagiert meine Blase tatsächlich – und das ist nun wirklich keine Einbildung!

Sommer 1956 **Wiesenpieper**

Es ist Sonntag und die gesamte Familie macht einen ausgedehnten Spaziergang.

Tina und Wolfram sitzen sich in ihrer Zwillingskarre gegenüber. Die Karre ist schwer zu manövrieren, da sie die entsprechende Länge besitzt, darum wechseln wir uns beim Schieben alle mal ab.

Wir gehen zuerst über mehrere Feldwege in Richtung Sülteberg, dann ein Stück durch den Wald, und auf einer großen Wiese legen wir eine Rast ein. Das Gras steht sehr hoch, und Mama breitet die mitgebrachte Decke darauf aus. Die Zwillinge werden in die Mitte gesetzt, und wir drei "Großen" nehmen um sie herum Platz.

Papa will ein Foto machen. Mama schlägt vor, daß wir Mädchen uns dafür nebeneinander auf den Bauch legen und packt dann die Zwillinge ebenfalls bäuchlings auf unsere Rücken. Papa sitzt vor uns im hohen Gras und fordert uns nun auf, in die Kamera hochzublicken. Mama hockt neben ihm und ruft den Zwillingen etwas zu.

Als wir alle gleichzeitig hochschauen, drückt Papa auf den Auslöser und sagt vor Stolz strahlend zu Mama: "Das wird ein schönes Bild, und ich werde es 'meine Wiesenpieper' nennen!" Mama schmunzelt ihn an und bestätigt dann erfreut: "Ja, <u>das</u> ist gut, und wie überaus treffend!"

Wir Mädchen grinsen, denn wir begreifen natürlich den Zusammenhang zwischen dem Ausdruck "Wiesenpieper" und unserem Familiennamen Wiese...

Gunni und ich tollen noch ein bißchen in dem hüfthohen Gras herum, und anschließend haften in unseren Haaren und an der Kleidung zahlreiche Kletten. Helmi nörgelt und klagt, weil ein "Holzbock" sie gebissen hat – so nennen wir Zecken. Die Stelle an ihrem Arm brennt und ist schon ziemlich gerötet, deshalb treten wir den Heimweg an.

Die Sonne sticht inzwischen gewaltig, und plötzlich haben wir alle Durst. Zum Glück befinden wir uns gerade in der Nähe des Hauses von Tinas und Wolframs Pateneltern. Sie sind kinderlos und seit vielen Jahren mit unseren Eltern befreundet.

Mama fragt Papa: "Was hältst du davon, wenn wir bei Alfred und Irma kurz 'Guten Tag' sagen? Sie haben ihre Patenkinder schon längere Zeit nicht mehr gesehen. Wir könnten alle einen Schluck Wasser trinken, Helmis Holzbock entfernen und im Schatten der Bäume in Ruhe die Kletten ablesen." Papa ist damit einverstanden, also marschieren wir auf das Tor des parkähnlichen Grundstückes zu. Die zwei abgerichteten Doggen fangen an zu bellen, bevor wir überhaupt geklingelt haben.

In diesem Moment hören wir Tante Irmas Stimme, die wahrscheinlich vom Wind zu uns herübergeweht wird: "Mensch Alfred, mach die Hunde los, ich glaube, die Kinderreichen kommen mit ihrer ganzen Sippschaft!"

Papa kann gerade noch verhindern, daß wir Kinder klingeln. Unsere Eltern werfen sich einen vielsagenden Blick zu, und Papa stellt mit einem ironischen Lächeln in Mamas Richtung fest: "Ich glaube, deine Idee war doch nicht so gut, aber nun wissen wir wenigstens, woran wir sind." Mama hat längst auf dem Absatz kehrt gemacht und fordert uns energisch auf, diese ungastliche Stätte umgehend zu verlassen.

Für kurze Zeit herrscht auf dem Rückweg eine leicht bedrückte Stimmung. Dann hellt sich Mamas Miene mit einem Mal wieder auf, und sie sagt: "Eigentlich bin ich beinahe froh darüber, weil jetzt die Fronten geklärt sind." Papa nickt, und damit ist das Thema erledigt.

Von diesem Tag an war die sogenannte Freundschaft zwischen unseren Eltern und diesen Paten zwar nicht ganz beendet, das Verhältnis jedoch deutlich spürbar abgekühlt.

Die kindliche "Sippenplage" machte sich im übrigen nicht das Geringste daraus, denn wir hatten dieses Ehepaar schon immer für etwas "überkandidelt" gehalten.

Wir bedauerten danach alle viel mehr, daß sämtliche Fotos des Tages durch ein Mißgeschick total überbelichtet waren.

Nov. 1957 **Trauerfall**

Opa litt seit etwa zwei Jahren an Herzbeschwerden, die sich in letzter Zeit erheblich verstärkt hatten. Er bekam zu wenig Luft, und Oma pflegte ihn zu Hause. Der Arzt sagte, viel könne man nicht mehr für ihn tun.

Als Opa dann starb, waren Oma und Mama bei ihm. Ich erinnere mich, daß mich Rektor Kurdum an diesem Tage während des Unterrichts aus der Klasse holte, um mir die traurige Nachricht zu überbringen.

Ich sah nun zum ersten Mal in meinem Leben einen toten Menschen, fand den Anblick aber gar nicht so unheimlich. Opa lag ganz friedlich mit gefalteten Händen im Bett, nur das Gesicht und die Hände waren weißer als sonst.

Oma weinte bitterlich, und wir Kinder versuchten, sie zu trösten. Mama ging zur großen Standuhr, hielt das Pendel an und hängte die Gewichte ab. Als nächstes schlang sie ein schwarzes Band um Opas Bild, das bei Oma auf dem Nachttisch stand und verhüllte den großen Spiegel mit einem schwarzen Tuch.

Nachmittags kamen viele Verwandte, Nachbarn und Bekannte, die von Opa Abschied nehmen wollten. Omas älteste Schwester brachte einen Trauerkranz mit schwarzer Schleife mit, und Oma befestigte ihn an der Haustür.

Gegen Abend wurde Opa eingesargt, und dann fuhr der Totenwagen bei uns vor. Das war ein geschlossener, schwarzer Kastenwagen, der von zwei Pferden gezogen wurde. Die

Pferde wirkten in ihrer speziellen Aufmachung auf mich immer furchterregend, obwohl ich natürlich wußte, daß es sich um ganz normale Pferde handelte.

Sie trugen einen schwarzen Überwurf, der ihnen wie auf den Leib geschneidert war. Er besaß sogar spitze Ohrentaschen, in die die Ohren genau hineinpaßten. Für Schwanz, Augen, Nüstern und Maul gab es jeweils eine passende Öffnung. Ansonsten verbarg dieser Trauerumhang ihren Körper völlig, und nur die Fesseln und die schwarz angestrichenen Hufe konnte man noch sehen.

Unsere nachbarliche Bäuerin hatte sich für Opa die Mühe gemacht, in die Pferdemähnen schwarze Kordeln einzuflechten. Der Bauer trug auch extra schwarze Kleidung und hatte einen Chapeau Claque auf dem Kopf. Das ist ein Zylinder, der erst durch einen kurzen Ruck in seine volle Höhe aufspringt.

Nachdem der Bauer Oma, Mama und Papa sein Beileid ausgesprochen hatte, wurde der Sarg von vier Männern auf den Leichenwagen gehoben. Als die Pferde dann anzogen, stand die ganze Familie in der Haustür und weinte Opa hinterher.

Drei Tage später fand die Beerdigung statt.

Manche Leute trugen nur breite Trauerbänder am Ärmel eines helleren Mantels, weil sie keinen guten schwarzen Mantel besaßen. Die Männer hatten schwarze Hüte oder hohe Zylinder auf, und die Frauen bedeckten ihre Köpfe ebenfalls mit schwarzen Hüten oder Kopftüchern.

Als der Pastor seine Rede beendete, sangen die Männer und Frauen vom Gesangverein ein Lied, ein Parteifreund von Opa hielt noch eine kurze Ansprache, und zuletzt warfen alle Erde oder Blumen in das Grab.

Anschließend gingen die meisten Trauergäste noch mit zu uns nach Hause, um den üblichen Leichenschmaus abzuhalten. Dieses Wort habe ich immer schon sehr verabscheut.

Bereits als Kind hielt ich den Ausdruck "Schmaus" zu diesem Anlaß für höchst unpassend.

Oma hatte gleich ein Familiengrab gekauft, das direkt neben unserem Gartenzaun lag. Man konnte es vom oberen Schlafzimmerfenster meiner Eltern aus vollständig überblicken. In dem Lattenzaun befand sich seit jeher eine kleine Pforte, durch die man schnell auf den Friedhof gelangte.

So sind wir auch heute noch vom Grundstück unseres Elternhauses aus in einer Minute bei unseren lieben Verstorbenen.

Zwillings-Report

Unsere Mutter begann Ende 1957, nun auch von den Zwillingen ulkige Aussprüche und besondere "Schandtaten" schriftlich festzuhalten.

Ihr erster Eintrag datiert vom 27.November 1957 und lautet:

Viel Arbeit

Unser "Pärchen" beschäftigt mich jetzt von morgens bis abends, denn sie haben mit ihren knapp drei Jahren nur "Döneken" im Kopf. Heute mittag spielten beide zum Beispiel sehr friedlich draußen auf dem Hof. Ich freute mich, endlich mal in Ruhe meiner Hausarbeit nachgehen zu können, aber als ich zufällig aus dem Fenster sah, war's schon wieder vorbei mit der Idylle.

Beide hatten helle Bürsten und ihre braunen Sonntagsschuhe in den Händen und wichsten sie emsig mit schwarzer Schuhcreme von allen Seiten gründlich ein! Sogar die Bank, sämtliche anderen Schuhe und alles, was in Reichweite stand, wurde von ihnen bearbeitet!

Tinas Löckchen, die Gesichtchen, Hände, Arme, die Jäckchen und Hosen waren total mit schwarzer Schuhcreme verschmiert, und Wolfram hatte seine Schiebekarre damit "geölt".

Er erklärte mir ganz stolz: "Mama, kuck mal, wir sind fleißig, und die Schiebekarre läuft jetzt schneller!"

Dieses Gespann bereitet uns wahrlich viel Mühe und Arbeit, andererseits übertrifft jedoch die Freude die Belastung bei weitem, und man kann ihnen gar nicht böse sein. So bringen sie manchmal die gesamte Familie in Aufruhr, und jeder wird irgendwann als Diener eingesetzt.

Wolfram schafft das mit zärtlicher, werbender Stimme, Tina eher mit befehlendem, energischem Ton. Heute forderte sie mich auf: "Du, gib mal das 'Pülli'! Tina hat Dorst, hast du das nich gehört?"

Sie sieht fast alles, will oft Ordnung machen und vor allem andere kommandieren. Sogar den Papa. Als er neulich vom Sofa aufstand, fuhr sie ihn an: "Mach mal gleich wieder Ordnung! Alle Kissen sind knautschig!" Er kam ihrem Befehl jedoch nicht nach, da schimpfte sie ihn aus: "Du sollst Ordnung machen, habe ich gesagt! So macht man das! Oder soll ich dir erst eine kleben?", und dabei rollte sie ärgerlich ihre großen Kulleraugen. Vorsichtshalber beeilte sich ihr Vater nun, diesen Auftrag zu ihrer Zufriedenheit auszuführen...

Auch ihr Brüderchen wird trotz aller Liebe öfter mal angeschnauzt, zum Beispiel, wenn er nicht vernünftig ißt: "Na, du Bengel, kau mal endlich, oder muß ich da vielleicht erst hinkommen?"

Was sie aufschnappt, weiß sie bei passender Gelegenheit anzuwenden, außerdem ist sie eine kleine Schauspielerin und setzt sich überall kokett in Szene mit ihren Liedchen und Gedichten. Ob Struwwelpeter, Daumenlutscher, Hans-guck-in-die-Luft oder der bitterböse Friederich, alles kann sie mittlerweile auswendig.

Die beiden sind beinahe unzertrennlich. Ist ausnahmsweise mal einer alleine zum Ausgehen von jemandem mitgenommen worden, begrüßen sie sich später, als hätten sie sich tagelang nicht gesehen. Wenn sie Geschenke bekommen, vergessen sie ihre "andere Hälfte" nie und teilen sofort.

28.November **Alles Gute kommt von oben**

Tina verschwindet manchmal heimlich, um ihr "kleines Geschäft" auf dem Töpfchen zu erledigen, denn draußen auf dem Klo ist es ihr zu kalt. Heute wollte ich sie mal dabei überraschen, da ich es ihr bereits mehrmals verboten habe.

Ich hörte erst ein lautes Scheppern, und dann sah ich Tina schuldbewußt am offenen Fenster stehen. Ich schaute also hinaus und entdeckte unten das Töpfchen, das umgekippt auf dem Boden lag. Sie wollte wohl vermeiden, daß ich ihren Ungehorsam feststellte, und hatte das volle Töpfchen kurzentschlossen aus dem Fenster geworfen!

Der Inhalt hatte sich auf Omas Fensterbrett ergossen, aber sonst war nichts weiter passiert. Man stelle sich vor, da unten wäre gerade jemand vorbeigegangen!

29. November

Heute waren wir bei den Pateneltern der Zwillinge zum Baden in deren neuem Badezimmer eingeladen.

Wolfram wollte gar nicht mehr raus aus der schönen Wanne, obwohl er bereits krebsrot und richtig schrumpelig war. Als wir das Wasser abließen, fing er an zu schreien, hielt meine Beine fest und rief aufgeregt: "Mama, Mami, du sollst nicht mit ausfließen! Ich halte dich ganz fest!"

Tina hatte die Brause aufgedreht, und nachdem sie der volle Strahl ins Gesicht traf, schrie sie, "Nun aber raus, Herrschaften!"

Hinterher schlängelte sie sich an ihre Patentante ran und fragte sie leise, ob sie vielleicht noch "Bollos" hätte. Ich tadelte sie, weil sie geschnorrt hatte, doch als die Tante dann mit Schokolade ankam, lachte Tina mich an und sagte triumphierend: "Siehste, Mama, du spinnst!"

Als Wolfram noch mit seinem Onkel rumschmuste und nicht mit nach Hause wollte, sagte Tina: "Wenn du jetzt nicht mitkommst, dann habe ich ja kein Brüderchen mehr. Komme mit, mein Kleiner, sonst geh ich fort und du bleibst hier, aber höre, Wolfi, hör, lutsche nicht am Daumen mehr!"

30. November

Oma mußte unsere Tochter heute mal wieder wegen Ungehorsams ermahnen, und darauf sagte Tina: "Oma, du bist garstig! Tina ist lieb und kriegt einen Puppenwagen, und du kriegst nichts! Frieda, du wirst mir nämlich zu pampig!"

Tina tituliert ihre Oma öfter mit "Friede" und behauptet, dann würde ihre Großmutter besser "parieren".

Jeden Morgen gibt es nach dem Aufwachen zwischen Wolfram und Tina immer erst eine herzerfrischende Begrüßung. Sie drücken und küssen sich zärtlich, und es ist die reine Freude, ihnen dabei zuzusehen. Wolfram würde ewig so weiterschmusen, aber sie macht sich bald frei, hält kurz Umschau und kontrolliert, ob ihre Milch schon gekocht ist. Als Helmi mal von der Milch nehmen wollte, rief Tina: "Halt, Kutscher, erst kommen Tina und Wolli dran!"

Neulich regte sie sich mal wieder über ihren Bruder auf: "Du Stinkebock, hier halt Nase auf, wie die nach Käse duftet, du bist böse! Tina hält auf, die macht nich in die Hose!"

Wolfram ist hinterher immer völlig geknickt, und wenn er in der Waschschüssel sitzt, droht er seinem kleinen Geschlechtsteil: "Hör mal zu, du 'Kullermännchen', wenn du immer naß machst, kriegst du nix zu Weihnachten, kapito? Ich soll dich wohl zubinden, du Ferkel?!"

31. November

Unsere beiden Kleinen spielten heute im Flur, und als es klingelte, öffneten sie einer Vertreterin. Unser Sohn empfing sie charmant und tönte: "Ja gut, gehen Sie doch rein, meine Frau ist in der Küche, oder soll ich Ihnen vielleicht die neue Stube zeigen? Tante, wir haben nämlich jetzt ein schickes, neues Sofa!"

Vorhin gab es ein großes Wehgeschrei. Wolfram hatte Tina ein Haarbüschel ausgerissen mit der Begründung, er habe ja auch keine Löckchen, und außerdem brauche sie nicht so zu plärren, er habe doch bloß Spaß gemacht!

Dafür hat sie ihm dann zur Vergeltung eine ordentliche "Backpfeife" verpaßt.

Advent '57

Oma meinte, es sei an der Zeit, die beiden mal etwas einzuschüchtern, sie würden ihr allmählich zu keß. Also setzte sie sich Hut und Brille auf, band sich Schafwolle ums Gesicht und klopfte von draußen an das Stubenfenster.

Tina war blitzartig hinter dem Sessel verschwunden, Wolfram hob jedoch die Gardine hoch und fragte: "Was hast du denn da umgebunden, Oma – mach das mal ab!"

Wir amüsierten uns köstlich über die Gören!

Zu einem späteren Zeitpunkt versuchte ich dann mal mein Glück mit einer recht gelungenen Weihnachtsmannmaske, wie ich glaubte, aber mein Sohn ließ sich wieder nicht täuschen und stellte trocken fest: "Das ist doch nur Mama!" Darauf widersprach ihm Tina voll Überzeugung: "Ach was, Bengel, du bist ja ein 'Döllmer', das war ganz bestimmt der Nikolaus!"

Gestern besuchten wir das "Café Kassel", und Tina stellte eifrig alle Stühle eng um die Tische. Dabei ächzte sie: "Ich muß hier erstmal Ordnung machen!"

14. Dezember

Die Großen tobten und balgten heute mit Wolfram herum, und plötzlich ging Tina dazwischen und gebot ihnen Einhalt mit dem Ausruf: "Mädchen, Mädchen, macht mir doch den Bengel nicht so wild!"

Nachmittags half sie mir beim Saubermachen, und nach einer Weile stöhnte sie: "Ach, Mönsch, wann bin ich denn nun endlich fertig? In diesem Haus werde ich noch verrückt!"

22. Dezember

Als ich Tina heute Mittag aus dem Bett holen wollte, sagte sie, Lola sei schon oben gewesen und habe sie "eingewickelt", und dann hätten die Großen ihre ganze Schokolade weggefressen.

28. Dezember

Der Weihnachtsmann ist von beiden mit zitternden Knien begrüßt worden, aber sie sagten alle erlernten Sprüche und Gedichtchen artig auf. Für Wolfram gab es eine Eisenbahn, die er gleich freudestrahlend ausprobierte, doch als er Tinas Puppenwagen sah, wollte er sofort tauschen. Den fand er anscheinend noch reizvoller.

Momentan steht alles in der Ecke, weil ihnen das Rodeln wichtiger ist. Die großen Mädchen nehmen sie oft im Schlitten mit, und inzwischen heulen sie auch nicht mehr, wenn sie mal in den Schnee fallen.

14. Januar 1958

Tina suchte heute Morgen immerzu den "Förster" im Schrank. Ich wußte nicht, was sie damit meinte, aber auf meine Verständnislosigkeit reagierte sie sehr ungehalten und moserte: "Och Mönsch, is ja wieder zum Verrücktwerden, keiner weiß was – will 'Knusperbrot'! Den 'Förster' will ich haben!"

Wolfram grinste, zeigte ihr einen "Vogel" und berichtigte sie belustigt: "Tini, du meinst wohl den Röster?! Ich glaube, du bist auf einer Backe so'n bißchen dumm!"

Am Sonnabend war Badetag, und Wolfram wollte unbedingt allen beim Einseifen helfen.

Er war so eifrig am Werke, daß ihm das Wasser am Bäuchlein herunterfloß. Nachdem er Tinas Löckchen abgespült hatte, mußte er auch Helmi waschen, rubbelte ihren Rücken und ihren Bauch ab, überlegte kurz und meinte: "So, Kleine, und jetzt kommen noch deine 'Puttchen' dran!" Damit bezeichnete er offensichtlich ihre jugendlich sprießenden Brüste.

Er begegnet allen mit ausgesuchter Liebenswürdigkeit, aber am meisten schmust er mit mir. Morgens beim Aufwachen wartet er, bis ich die Augen öffne und begrüßt mich sofort mit schmeichelnder Stimme: "Mami, Liebes, hast du ausgeschlafen? Kann ich in dein Bett kommen? Ich mache dich warm und reibe dir deinen Bauch, wenn du Bauchweh hast. Och Mutti, nimm doch den Jungen bei dir mit rein, dann kannste in seinem Arm noch ein bißchen weiterschlafen, ja?"

Wenn er mit Tina schmusen möchte, will sie das oft gar nicht so gerne. Sie wehrt ihn ab und beschwert sich: "Der stinkt! Ich habe doch gleich gedenkt, daß er schon wieder die Hose naß hat, dies' olle Ferkel! Du Bengel, schäme dich, hau ab! Und du drückst mir bieso viel zu dolle!"

Als er einmal behauptete, Tina wäre ja auch manchmal naß, empörte sie sich und rief: "Was sagst du da? Was muß ich hören?", und dabei stemmte sie ihre Hände in die Hüften und die Kulleraugen sprühten vor Zorn. Sie ist ein energisches Persönchen und schnauzt herum wie eine Alte. Wenn jemand mal etwas fallen läßt, sagt sie naseweis: "Mädchen, was haste denn nun wieder gemacht? Ach, was hat man mit euch für'n Ärger!"

Heute hatte ich ihren gewohnten Platz am Eßtisch eingenommen und sie protestierte umgehend: "He, Fräulein, aber gleich wieder runter da, das ist mich! Nich einfach mal so, ne!"

29. Januar 1958 **Blumenpflücken**

Bei Einbruch der Dunkelheit wollte ich die beiden reinholen, konnte sie aber nirgends finden, und auf mein Rufen reagierten sie nicht. Dann entdeckte ich Tinas buntes Kopftuch drüben auf dem Friedhof und hörte ihr Geplapper, und Wolfram antwortete mir endlich: "Ja, Mami, wir kommen schon, wir haben dir schöne Blumen mitgebracht!" Am Zaun überreichte er mir anschließend fröhlich ein Mooskissen und erklärte, das hätte er auf Tante Emmas Grab "gepflückt"!

31. Januar **Wehrhaftes "Pärchen"**

Gestern mußte eine Besucherin auf dem Sofa Platz nehmen, weil alle Stühle besetzt waren. Als Tina hereinkam, ranzte sie sie an: "Was, du sitzt auf dem Sofa? Haste dir denn auch die Schuhe ausgezogen?"

Onkel Timpe wollte für Wolframs Geschmack wohl zu oft mit seiner neuen Eisenbahn spielen, und das gefiel ihm überhaupt nicht. Ärgerlich schob er Onkel Timpe weg: "Nun laß mich mal ran! Du bist doch schon groß! Geh du rüber zu dir und spiele lieber mit deinen Rechnungen!"

Tina war dauernd hinter Gunnis neuer Tasche her, aber ich wollte sie ihr nicht zum Spielen überlassen. Enttäuscht fauchte sie mich an: "Mönsch, ich könnte dich buffen!"

18. Februar **Fastnachtssingen**

Heute sind Wolfram und Tina zum Umsingen losgezogen, da Fastnacht ist. Ich habe sie lustig angemalt und mit Hut und bunten Schleifen ausstaffiert. Wolfram weigerte sich jedoch mitzusingen, er kassierte nur die Taler und Bonbons ein.

Im Laden von Lehmann nahm Tina dann kurzerhand beide Tüten in Empfang und redete auf ihren Bruder ein: "Wenn du nicht singst, sollst du auch die Bollos nich haben, da kannst du dich drauf verlassen! Aber wenn du nachher schön Abendbrot gegessen hast, gebe ich dir vielleicht doch noch welche ab!"

Beim nächsten Vorsingen kam Tina mit der letzten Strophe nicht klar und improvisierte einfach: "Ne Prillecke ist zu wenig, alles ist strähnig!"

Morgen wollen sie wieder los, da es ihnen viel Spaß bereitet hat, und durch ihren Einsatz waren viele Gaben zusammengekommen; jede Menge Bollis, Prillecken, Äpfel, Kekse, mehrere Würste und insgesamt 3,86 DM!...

28.Februar **Die können einem ganz schön einheizen!**

Tina legte heute beinahe ein Feuer. Sie hatte Glück, daß die Glut, die sie mit der kleinen Schaufel aus dem Küchenofen in den Stubenofen trug, nicht ihre Hausschuhe anbrannte. Sie verlor die Glut unterwegs, und nun weist das Stragula leider einige schwarze Brandstellen auf. Ich war nur kurz zum Einkaufen und bemerkte den Qualm schon, als ich auf die Haustür zuging.

Wolfram war in heller Aufregung sofort zu Tante Timpe gerannt, und ich beeilte mich, die Glutbrocken überall aufzusammeln. Oh je, wie schnell hätte dabei ein schlimmes Unglück passieren können!

Ich mußte Tina natürlich entsprechend zur Rede stellen, obwohl sie es vermutlich nur gut gemeint hatte, und beide gelobten mir anschließend hoch und heilig, daß sie nie wieder alleine mit Feuer hantieren würden.

8.März

Der Papi lud Tina heute ein, mit ihm auszugehen. Sie hatte aber keine Lust und petzte: "Och, du willst ja nur im Café Kassel wieder Skat spielen wie letzte Woche, das ist Tina langweilig!"

Gestern paßte ihr irgend etwas nicht in den Kram und sie warf mir vor: "Ach, du kannst mir richtig auf'n Wecker fallen, Elfriede!"

Die Zwillinge
beim Ostereiersuchen

April '58

Mein Sohn erstaunte mich heute etwas. Er saß gedankenverloren am Küchentisch, stützte seinen Kopf auf und seufzte: "Ach ja, alles ist doch maßlos traurig!"

Lola hat Tina mal wieder geneckt, aber die wußte sich gut zu verteidigen: "Paß man auf, du alte Ziege, gleich schlag ich dich hinter'n Löffel!"

Papa mußte abends noch mal aus dem Haus, da fragte Tina ihn: "Na, wo willste denn nu schon wieder hinlatschen?"

Onkel Timpe wollte gestern von Wolfram erfahren, was er denn später mal werden wolle, und der antwortete, ohne zu überlegen: "Ein Reicher, wie du!"

21. April

Tina singt vor sich hin: "Wir wolln die Magda durch die Brücke ziehn, nun isse dran zerbrochen." Damit meint sie natürlich das Lied von der Magdeburger Brücke. So etwas nennt man wohl Verkennung einer Sachlage!

26. Juni **Keine Angst vor großen Männern**

Onkel Timpe hat Tinas Puppenwagen aus Jux absichtlich so hingestellt, daß sie annehmen mußte, er hätte ihn übersehen und wäre dagegengefahren. Wie eine kleine Furie ging sie sofort auf ihn los: "Dreimal habe ich dir schon gesagt, du sollst auf meinen Puppenwagen besser aufpassen! Na, ich kuck lieber mal nach! – Gut, du hast Glück, noch ist er heile!", und dabei schaute sie ihn drohend an.

Onkel Timpe hatte also erreicht, was er wollte, und bekam beim Lachen über ihre Reaktion beinahe einen Hustenanfall.

Letztens hat sich Wolfram an einer Brennessel verbrannt. Heute kam Tina mit einer Taubnessel auf ihn zu, und er fing gleich an zu schreien. Daraufhin beruhigte ihn sein Vater, daß diese Blume nicht brennen würde, es wäre ja nur eine taube. Tina lachte laut auf und machte sich über ihren Vater lustig; sie krähte: "Haha, Wolfi, hör mal, der ist vielleicht blöd, der kann noch nich mal 'ne Taube vonner Brennessel unterscheiden!"

Gut, daß der Papi so ein sonniges Gemüt hat und sich eher schief lacht als seine schnodderigen Gören dauernd zu einem respektvolleren Ton zu ermahnen.

Septemer 1958 **Ökumenische Kirchenbesuche**

Tina betet: "Lieber Gott, schütze mich. Ich liebe dich und du liebst mich. So soll es bleiben!"

Vorhin erfuhr ich von Tante Erna folgendes: Am Sonntag, pünktlich zum Gottesdienst, sollen die Zwillinge samt Puppenwagen und Roller in der katholischen Kirche aufgetaucht sein. Pfarrer Fritsche hatte bereits mit dem Gottesdienst begonnen. Zur allgemeinen Erheiterung der versammelten Gemeinde bekreuzigten sich die beiden am Eingang mit Weihwasser, machten es jedoch total falsch. Sie zeigten sich an der Stirn gegenseitig einen regelrechten "Vogel" und marschierten anschließend mit ihrem quietschenden Gefährt schnurstracks bis zum Altar vor. Dort vollführte Tina einen Knicks, und dann setzten sich beide vorne auf die Treppenstufe. Irgendwann sollen sie leise wieder abgezogen sein, weil es ihnen vermutlich zu langweilig wurde. Nun hat der ganze Ort wieder was zu tratschen!

Ich nahm mir die beiden sofort vor und verlangte eine Erklärung für ihr Verhalten. Tina beteuerte mir nur ganz treuherzig: "Ich will mich doch bloß fromm machen!", und Wolfram überließ das Reden mal wieder seiner Schwester. Sie fuhr fort: "Eigentlich wollte ich ja fast weinen, weil alle Leute so doof gelacht haben, aber dann doch nich – in der Kirche soll man nich weinen!"

Zu meinem Geburtstag schenkten sie mir eine kleine Flasche Parfüm. Weil es jedoch gar nicht nach Parfüm roch, fragte ich sie, was denn in der Flasche sei. Sie erzählten mir stolz, daß sie das Fläschen in der Kirche mit Weihwasser "vollkluckern" lassen hätten, und nun würde ich immer gut beschützt vom lieben Gott! Ach, da ist man doch gerührt, und trotzdem mußte ihr Vater ihnen erklären, daß sich so etwas nicht gehört ...

Es ist nicht günstig, daß die Kirche in unserer Nachbarschaft steht, denn sie halten sie immer wieder für einen schönen Spielplatz.

Vor kurzem war die Milch mal schlecht geworden, weil so schwüles Wetter herrschte, und ich hatte es nicht gleich bemerkt. Jetzt ermahnen die beiden mich des öfteren: "Paß bloß auf, daß es nich wieder 'Würgemilch' wird, die schmeckte 'ekerlich', und heute ist das Wetter nämlich auch so 'schimmelig'!"

Mutter und die Zwillinge
beim Sonntagsspaziergang

20. Oktober

Wolfram sang heute: "Sag, wer mag das Männlein sein, das da steht im Wald allein, mit dem 'popo-roten' Mäntelein!"

Weihnachten '58

Nach wie vor haben die Zwillinge gehörigen Respekt vor dem Weihnachtsmann. Merkwürdigerweise ist der aber auch stets über alle guten und bösen Taten der Kinder bestens unterrichtet. Sie wissen, daß er ein goldenes Buch für die guten und ein schwarzes für die Missetaten besitzt, und deshalb sehen sie der Bescherung mit gemischten Gefühlen entgegen.

In diesem Jahr wurde Tante Timpe mal zum Weihnachtsmann ernannt. Als sie die Glocke bimmelte, hechteten Wolfram und Tina erstmal gleich unter den Tisch. Einen Moment später wagte sich Wolfram jedoch wieder vor, schaute mißtrauisch aus dem Fenster und sagte: "Hallo, Weihnachtsmann, du hast ja Gummistiefel an, und dein Regenmantel sieht aus wie der von Tante Timpe!"

Tina sang dem Weihnachtsmann brav das Lied "Ihr Kinderlein kommet" vor, sang aber zur allgemeinen Erheiterung: "Zur Krippe her kommet in Bredelems Stall" anstatt "Bethlehems Stall". (Zur Erklärung: Bredelem ist unser Nachbardorf)

Februar 1959

Am Sonntag nahm ich Wolfram in den Gottesdienst mit. Als die Sammelbüchse rumgereicht wurde, fragte er mich leise: "Hat der Pastor auch eine Sparbüchse? Muß da jeder einen Groschen reinstecken, weil er so schön laut gesungen hat?"

Zur Zeit ist unser Sohn ganz in Anspruch genommen von seiner Eisenbahn und redet überwiegend von Abstellgleisen und diversen Zusammenstößen. Heute wollte ich ihn mal von der Eisenbahn weglocken und ihm erlauben, sein kleines Motorboot im Wasser der großen Wäschewanne kreisen zu lassen.. Er lachte mich aber verschmitzt an und meinte: "Willst wohl mal hören, wie Oma Frieda dann quietscht, was?"

Letztens riet ich ihm zum wiederholten Male, eine Mütze aufzusetzen, wenn er in die Kälte rausginge. Er reagierte darauf recht gereizt und antwortete pampig: "Du mußt richtig Deutsch mit mir reden, sonst verstehe ich dich nicht!"

Vor Wochen nahm ich ihn mal zu einer Weihnachtsfeier mit, aber die Musik gefiel ihm nicht. Er quengelte herum und forderte mich auf, die "Musikonkels" dazu zu bringen, mit dieser doofen Musik aufzuhören und besser so'ne Musik zu machen, nach der Lola immer so rumwackelt. Er wolle endlich auch mal "Rock un Roll" tanzen!

Sohnemann interessiert sich ungemein für Lichtschalter, Motoren und alle technischen Dinge. Er holt täglich seinen Roller und den Bollerwagen her und fettet die Räder ein, und zwar so gründlich, daß das Öl dabei in dicken Tropfen auf die Erde fällt. Wenn ich ihn so beobachte, bin ich sicher, daß er mal einen technischen Beruf wählen wird.

Tina wird mal eine gute Hausfrau. Wenn Besuch kommt, kontrolliert sie jedesmal, ob der sich draußen wohl ordentlich abgetreten hat. Ist das <u>nicht</u> der Fall, macht sie mich darauf aufmerksam und lamentiert: "Kuck dir das mal an, was da wieder für Dreck liegt, und wir Hausfrauen haben die Arbeit davon!"

Blumenkinder

Unser Pärchen wurde in letzter Zeit zweimal zum Blumenstreuen bei Hochzeiten eingeladen. Beim ersten Mal haben sie auf dem Weg zum Altar sämtliche Blüten mit einem Schwung vor dem Brautpaar ausgekippt, und Wolfram blieb stur stehen und sagte betreten: "Braut, meine Blümchen sind schon alle, was machen wir denn nun?" Der Bräutigam half den beiden, die Blumenpracht schnell wieder in die Körbchen zu packen, und alles konnte weitergehen. Während der Zeremonie sammelten unsere Zwillinge dann beflissen trotzdem alle gestreuten Blümchen erneut ein, und die Hochzeitsgäste hatten was zu lachen.

Nach der Trauung gratulierte der Pastor dem Brautpaar und den jeweiligen Eltern, als sich Tina plötzlich dazwischendrängelte und ungeduldig fragte: "Wann sind denn wir mal dran?"

Später beim Kaffeetrinken bot man ihr Milch an, aber sie lehnte sie ab und verkündete damenhaft: "Nein danke, ich möchte gerne von dem Bohnenkaffee probieren, bitte! Und mein Bruder will bestimmt noch einmal Erdbeeren, aber mit viel Sahne!"

Alle Umsitzenden ergötzten sich an ihrem Auftritt, deshalb erkundigte sich der Bräutigam amüsiert bei ihr, ob sie den Wein vielleicht auch mal kosten möchte. Das verneinte sie jedoch entrüstet und erklärte in altkluger Manier:

"Lieber nich – Papa sagt, eine Dame trinkt nich, die wird sonst betrunken!"

8. März

Lola lag für einige Tage krank im Bett, und die Kleinen liefen dauernd in ihr Zimmer. Da sie das als sehr störend empfand, schloß sie die Zimmertür einfach ab. Als Wolfram danach die Tür nicht mehr öffnen konnte, fing er laut an zu singen: "Ach, laß mich doch rein, Paula, das find ich gemein, Paula!"

Heute sagte ich zu ihm, wenn er an Onkel Timpes Auto was kaputtmachen würde, hätte er keinen Freund mehr. Darauf entgegnete er mir gelassen, er könne sich ja einen neuen Freund kaufen. Tina gab prompt ihren "Senf" dazu ab und belehrte ihn: "Nana, den kriegste nich im Konsum!"

April 1959 **Doppelkonfirmation**

Die bevorstehende Konfirmation von Helmi und Lola berührt sogar die Zwillinge. Der Papi stellte die beiden Fichten neben der Haustür auf, und Wolfram dachte, das habe irgendwas mit Weihnachten zu tun. Er sagte beunruhigt zu Tante Timpe: "Jetzt muß ich aber noch rasch einen Wunschzettel machen, Papi holt ja schon den Weihnachtsbaum!"

Tina half beim Öffnen der vielen Glückwunschkarten, wurde dabei jedoch ziemlich ungeduldig. Sie maulte: "Ach ne, soviel Kramerei und Macherei, diese blöde Konfirmation ist ein richtiges Problem!"

Pastor Aschermann besuchte uns vorher, wie er es stets tut, wenn jemand konfirmiert wird. Leider war ich gerade nicht abkömmlich, und er mußte 10 Minuten warten. In dieser Zeit hat ihn Tina aber hervorragend unterhalten. Sie fragte ihn, ob er auch eine Konfirmationsanzeige aufgeben wolle, und er möchte bitte einen Moment warten, ihre Mutti käme gleich. "Wir haben nämlich bald selber Konfirmation hier. Das ist aber Mist, das macht uns nur viel Arbeit! Hast du schon mal Silber geputzt? Das ist eine Drecksarbeit! Weißt du, wie die Finger hinterher aussehen? Und stinken tut's wie die Pest!"

Der Pastor kam aus dem Staunen nicht mehr raus, was diese kleine Quasselstrippe alles zu berichten wußte!

Neulich besuchten uns ihre Pateneltern und hatten den Dackel mit. Als ihr Onkel den Hund rief und der nicht reagierte, motzte sie ihn an: "Hund, hörste denn gar nich? Dein Vater hat dich geruft!"

10. Mai 59 **Mutter- und Männertage**

Heute war Muttertag, und meine Kinder waren alle rührend lieb zu mir. Wolfram fragte mich beim Kaffeetrinken, wann Lola denn Muttertag hätte, dann könne er ihr auch was Schönes schenken. Ich versuchte, ihm klarzumachen, daß sie erst verheiratet sein und selbst ein Kind haben müsse, um diesen Tag feiern zu können. Darauf nickte er und behauptete, er wolle sie gerne heiraten und ihr Mann sein.

Tina schüttelte besorgt den Kopf und riet ihm von seinem Vorhaben ab mit den Worten: "Sag bloß, du willst die 'blusterige' Lola wirklich mal heiraten?! Die würde ich nich nehmen – nimm lieber Helmi, die is ruhiger!"

Heute fragten mir beide wieder ein "Loch in den Bauch". Erst wollte Tina wissen, ob es auch einen Männertag gäbe, und Wolfram erkundigte sich anschließend, ob Onkel Timpe am Vatertag ebenfalls feiern dürfe, obwohl er selbst doch kein Kind hätte.

8. Juni

Tina hatte sich ein bißchen den Magen verdorben und trank vorsichtshalber ihr geliebtes "Pülli" nicht ganz aus, weil sie, wie sie betonte, nicht wieder "erwürgen" wolle. Wolfram berichtete seinem Vater, er habe bestimmt zuviel Eis geschleckt, und deswegen mit seinem Popo soviel <u>Abfall</u> gehabt!

Juli '59

Heute belauschte ich ein Gespräch zwischen Wolfram und Tina, weil es so witzig war. Wolfram fragte Tina: "Ich darf dir doch beim Baden noch zusehen, oder? Wir kennen uns ja sehr gut! Überhaupt hast du Glück, daß du hier wohnst, sonst hätten wir uns vielleicht nie kennengelernt!"

Gestern drohte mir Tina: "Mama, wenn'de mich nich mitnimmst zum Einkaufen, laufe ich mit fremden Leuten davon, und dann bin ich weg und du kannst innen Mond kucken!"

Sept. '59

Tina und Wolfram hören gerne Radio und schnappen so manches dabei auf, zum Beispiel Lieder, die sie nachsingen, oder auch Nachrichten. Gestern sang Wolfram ein Lied vom "roten Mond", und Tina berichtigte ihn schnippisch: "Das heißt Mohn, du Dummer, der Mond steht am Himmel, und auf den haben die Russen grade eine Rakete abgeschossen!" Dieses Mädchen findet immer einen Kommentar!

Heute mußte sie zu Hause bleiben, weil ich mit ihrem Bruder zum Ohrenarzt wollte, obwohl sie liebend gern mitgekommen wäre. Beim Weggehen hörte ich sie dann moppern: "Ein Glück, Oma, daß die ganze Bagage mal aus dem Haus ist, so haben wir wenigstens unsere Ruhe!"

Neulich habe ich sie gebeten, ihre Sachen nach unten zu holen und Wolframs Schuhe ebenfalls mitzubringen, aber sie rief unwillig: "Kann ich wohl soviel schleppen? Hab ich vielleicht vier Hände?"

Vor einigen Tagen ging mein "Doppelgespann" für mich einkaufen. Kurze Zeit später mußte ich sie nochmals losschicken, weil ich etwas vergessen hatte.

Bedauerlicherweise fehlte Oma zum Kochen eine wichtige Zutat, und sie fragte die Zwillinge ahnungslos, ob sie für sie mal was einkaufen könnten. Da wurde Tina aber wild! Sie jaulte wütend auf: "Immerzu hin und her und noch mal hin und her – dabei drehe ich gleich durch!", und japste empört nach Luft. Ich wollte sie beschwichtigen, denn eigentlich war sie ja im Recht, und erwähnte deshalb lobend, daß sich alle Leute wundern würden, wie prima sie alleine einkaufen könne, aber sie blieb völlig unbeeindruckt und behauptete glatt, daß Onkel Rieke beim letzten Mal schon gesagt hätte: "Hoffentlich hört diese Lauferei bald auf!"

Von Klapperstörchen

Unser Sohn interessierte sich letztens für die Sache mit dem Klapperstorch, und ich bemühte mich, es ihm seinem Alter entsprechend halbwegs plausibel zu erklären. Plötzlich unterbrach er mich: "Mama, ich glaube, du schwindelst, erzähl mir mal, wie es nun wörklich war! Uns hat der Klapperstorch bestimmt nicht gebracht!" Ich war etwas bestürzt und antwortete mit einer Gegenfrage: "Warum denkst du das denn?" Er winkte ab und sagte pfiffig: "Ist doch klar, für einen Klapperstorch waren wir zusammen viel zu schwer, das müssen auf jeden Fall zwei gewesen sein!"

Er hat sich bei seinen diversen Autofahrten mit Onkel Timpe schon einiges abgeguckt. Nun hat er sich einen alten Lichtschalter an seinen Roller montiert und vorne eine Taschenlampe befestigt. Ehe er dann losbraust, "schaltet" er erst!

Als Tina heute seinen Roller nahm, rief er hinter ihr her: "Biste denn plemplem? Du hast ja noch gar nich den Gang drin, und umgeschaltet haste auch nich! So kannste überhaupt nich fahren!"

Vorige Woche rollerte er zur Tankstelle von Bothe und wollte die Luft von den Reifen seines Rollers prüfen lassen, aber der Onkel hätte gesagt, er hätte eben keine Zeit für ihn, weil er eilig einen Trecker heile machen müßte, und er solle später noch einmal wiederkommen!

Mal abgesehen von seiner Begeisterung für Technik ist er mit der helleren Stimme und seiner verschmusten Art eher wie ein Mädchen als Tina. Bei ihr trifft der Ausdruck vom sogenannten "schwachen Geschlecht" mit Sicherheit nicht zu. Sie ist robust, energisch, oft aufmüpfig und ziemlich respektlos, und ich bin überzeugt davon, daß sie sich im Leben immer durchzuboxen weiß. Meistens gibt sie jedenfalls den Ton an, und was sie plant, macht er in seiner Gutmütigkeit dann mit.

Kürzlich mußte ich mich jedoch mal sehr über ihn wundern. Ich hatte ihm einen Eimer mit Wasser und einen Putzlappen gegeben, weil er in der Gartenlaube die Fenster putzen sollte.

Offenbar verspürte er zum Arbeiten aber keine Lust, holte sich aus Opas ehemaliger Werkstatt einen Hammer und schlug stattdessen alle Scheiben ein! Diesen Trick für den "totalen Durchblick" muß ich mir unbedingt für die Hausfenster merken!

Weihnachten '59 **Petze-Petze ging in'n Laden**

Die Feiertage sind fast vorbei. Tina erkundigte sich bei mir, wann der Weihnachtsmann das nächste Mal käme. Meine Antwort enttäuschte sie sehr, doch Wolfi meinte gelassen: "Ach, ist nicht so schlimm, dafür kommt der Osterhase bald!"

Tina ist glücklich über die schöne, neue Puppenstube Marke Eigenbau. Wolfram regte sich darüber auf, daß der Weihnachtsmann von Tante Timpe wußte, daß er Onkel Timpe vor einigen Wochen vom hauseigenen Schlachtefest Gehacktes und Brühe rüberbrachte mit den neckischen Worten: "Hier haste was zum Fressen!" Wolfram ist richtig entrüstet, denn er ist entschieden der Meinung, daß es viel schlimmer ist, wenn große Leute petzen, und er hätte ja auch nicht verraten, daß er Onkel Timpe mal beim Popeln überraschte!

Januar 1960

Seit wir einen Fernseher besitzen, gibt es eine Menge neuen Gesprächsstoff. Tina erzählte heute, im Fernsehen wäre die Tochter eines Königs gewesen, der aber nicht Herr König, sondern Herr Sultan hieß, und die Tochter hätte ein funkelndes "Geweih" auf dem Kopf getragen!...

Beim Anschauen des Rosenmontagszuges im Fernsehen äußerte unser Sohn plötzlich gelangweilt: "Ich gehe lieber raus zum Spielen. Die benehmen sich ja wie die Verrückten in Liebenburg!" Ich versuchte, ihn zu halten, da ich gerne Gesellschaft haben wollte, aber er fand, das ganze Theater wäre wohl mehr was für Große, und außerdem müsse er mal. Als ich das anzweifelte, reagierte er gereizt und fragte mich mit etwas höhnischem Unterton: "Merkst du das, ob ich mal muß? Merkst du das etwa an dir selber?"

Oma Frieda schließt manchmal ihre Zimmertür ab, wenn sie weggeht, da sie sich über die Unordnung ärgert, die die Kinder in ihrer Abwesenheit oft anrichten. Heute gab es wieder irgendeinen Grund für sie, zu schimpfen. Am Schluß folgte die allseits bekannte Drohung: "Macht man so weiter, ihr Gören ärgert mich noch bis auf den Friedhof in mein Grab!" Dabei schniefte sie theatralisch und wischte sich ihre imaginären Tränen ab. Da wir das ja alle zur Genüge kennen, grinste Wolfram sie spitzbübisch an und fragte ungerührt: "Omchen, wenn du in dein 'Bullerloch' gehst, nimmst du dann auch den Stubenschlüssel mit?"

Ich konnte mir darauf von ihr anhören: "Elfriede, haste das gehört? Deine Blagen haben keine Achtung vor dem Alter!"

Tina steht hin und wieder fasziniert vor dem Stromzähler und beobachtet, wie er sich dreht. Sie sagte zu Wolfram: "Die

Leute von den Zählern müssen aber bannig aufpassen bei so vielen!" Wolfram zeigte ihr nur einen Vogel, obwohl er natürlich auch nicht weiß, wie das alles funktioniert.

Mai '60

Beide wünschen sich ein kleines Fahrrad. Ich meldete Bedenken an und erwähnte, daß ich täglich in der Zeitung etwas von überfahrenen Kindern lese. Mein Sohn befand, sie könnten schon gut auf sich selbst aufpassen und gab mir den Tip: "Du mußt nicht immer die gleiche Zeitung durchlesen!"

Gestern sollte er mit Tina das Bett tauschen, weil er besser in das kleinere Kinderbett paßt als sie. Er widersetzte sich jedoch ganz energisch: "Das hier ist nun mal ein Männerbett, und so soll's auch bleiben!"

Lola hat Tinas Dutt abschneiden lassen. Jetzt trägt Tina Stufenschnitt wie ihre großen Schwestern, und Lola kämmt Tina gerne, weil sich das lockige Haar so gut legen läßt. Heute beim Frühstück jammerte Lola: "Och, Tina, gestern hab ich dich so schön frisiert, und nun ist alles wieder raus – du hast bestimmt verkehrt geschlafen!" Tina schüttelte den Kopf und antwortete schlagfertig: "Hab ich vielleicht auch verkehrt geträumt?"

Dezember '60

In der Nachbarschaft fand eine Hochzeit statt, und die beiden wollten schon ganz früh am Morgen die Braut sehen. Ich erklärte ihnen, daß es noch ziemlich dauern könne, da sich das Paar vorher auf dem Standesamt trauen lassen müsse. Wolfram überlegte kurz und sprach dann die Vermutung aus: "Nee Mama, ich glaube, die trauen sich doch nich!"

Genauso nachdenklich fragte er mich neulich, wie das nun eigentlich genau wäre, Oma hätte ihm erzählt, er wäre eine halbe Stunde älter als Tina. Das verstünde er nicht. Andere Geschwister seien ein oder zwei Jahre älter, und er solle nur eine halbe Stunde älter sein – da könne doch was nicht stimmen!

Advent 1960

Tina singt gerne, und der Papa soll ihr zuhören, aber er schläft und schnarcht. Mit einschmeichelnder Stimme will sie trotzdem seine Aufmerksamkeit wecken und flötet: "He du, mein Emilchen, kennst du dieses schöne Lied?" Sie singt: "Ihr Kinderlein, kommet, oh kommet doch all, die Rehen und Hirschen knien betend davor, hoch oben schwebt Josef den Engeln was vor!"

Lola wollte ihr mal wieder die Locken kämmen, aber sie fühlte sich belästigt und wehrte ab: "Tuddel doch in deinen Haaren rum, dein Gefummel in meinen Locken geht mir auf die Nerven!"

Tina und Wolfram besitzen beide je 5 Mark, und davon wollen sie für alle Familienmitglieder schöne Weihnachtsgeschenke besorgen. Nun zockeln sie heimlich von Geschäft zu Geschäft und erkundigen sich, was dies und das wohl so kostet. Tina wollte mir "en neues Sawiez" mit ganz vielen Tassen kaufen, und Wolfram fragte in Zenkers Haushaltswarenladen nach, ob sie gute Kleiderbügel hätten – unsere wären oben alle krumm!

Onkel Hermann kommt

Beide gehen brav in den Kindergottesdienst. Kürzlich behaupteten sie, der Pastor würde unseren Onkel Hermann kennen – und woher der Pastor wüßte, daß Onkel Hermann und Tante Mathilde nachmittags zum Kaffee bei uns eingeladen wären?

Verblüfft bat ich sie, mir das alles mal genauer zu erklären. "Also", sagte Tina, "der Pastor hat sich vor seinen großen 'Tisch' gestellt und laut gesungen: "Lasset uns den Hermann rufen!"... Oh Gott, wie köstlich!

Die Zwillinge werden im Frühjahr eingeschult. Wo ist nur die Zeit geblieben? Da Wolfram überhaupt nicht davon angetan ist, versuchte ich, ihm abends beim Zubettgehen den Schulbesuch schmackhaft zu machen, und erwähnte, dann lerne er lesen, schreiben und rechnen. Skeptisch schaute er mich an und erwiderte bedrückt: "Na ja, das wär nich schlecht, aber ich kann dich unmöglich dauernd solange alleine lassen!"

Ich nahm ihn in den Arm und wies weiter darauf hin, daß er sich dann von den vielen Büchern der großen Mädchen was zum Lesen aussuchen dürfe, und er fragte: "Ist denn was Interessantes dabei?" Also erzählte ich von Robinson Crusoe, dem Mann, der auszog, fremde Länder kennenzulernen.

Irgendwann dachte ich, er sei eingeschlafen, aber er öffnete die Augen und bat mich, noch mehr von dem nackten Mann zu erzählen. Erstaunt erkundigte ich mich, von welchem Mann er denn rede, ich hätte ihm doch nichts von einem nackten Mann erzählt?!

"Doch, das hast du wohl", entgegnete er mit Nachdruck, "du hast gesagt, da war ein Mann, und der war <u>ausgezogen</u>!"

Kennedy ist ein Affe

Tina verkündete vor kurzem, sie wisse genau, wer Kennedy sei, weil im Radio immer über ihn gesprochen würde, und klärte mich umgehend auf: "Das ist ein großer Affe, und der wohnt in Berlin im Zoo!"

Ich kann nur vermuten, daß sie Kennedy mal eben mit dem Gorillamann "Knorke" verwechselte, von dem ebenfalls dauernd im Radio berichtet wurde.

Ostern 1961

Früher wollten beide ständig bei mir sein und mit mir ausgehen. Doch das ist jetzt schon anders geworden, da das Spielen draußen inzwischen mehr reizt. Neulich bat ich sie, mich bei einem Spaziergang zu begleiten, doch keiner hatte Lust dazu. Alles Bitten und Betteln half nichts. Da sagte ich, ich ginge alleine, aber ich könnte mich vielleicht verlaufen und müßte die ganze Nacht im Wald bleiben. Tina blieb jedoch total gelassen und riet mir nur: "Dann zieh dich warm genug an!"

18.März **Mama heißt "Puttchen"**

Vor drei Tagen fand die Einschulung statt. Der Lehrer fragte alle Kinder nach ihrem Namen und wollte auch die Vornamen der Eltern wissen. Tina berichtete mir, sie hätten sich an meinen Namen erst nicht erinnern können und dem Lehrer erklärt: "Unser Papa heißt Emil-Otto, aber wie Mutti richtig heißt, fällt uns eben nicht ein. Papa sagt immer 'Puttchen' zu ihr, und wir nennen sie nur Mama oder Mutti!"

Heute kamen die beiden nach Hause und maulten mit düsterer Stimme: "Mensch, so'n Mist, wir kriegen jetzt schon richtige Hausaufgaben auf!"

Ihr Heimweg von der Schule klappt leider nicht immer reibungslos. Gestern marschierten sie erstmal mit drei anderen Kindern mit, die in der Nähe des Bahnhofs wohnen! Bei der Entfernung muß ich mich nicht wundern, wenn sie ewig lange Zeiten nicht "an Land" kommen!

Der Papa mußte Tina heute zurechtweisen, weil sie unentwegt nörgelte und quengelte, und bezeichnete sie mit dem Titel "Quäke Nr.1". Sie gab aber sofort Kontra und antwortete: "Und du bist Raucher Nr.2!"

Weihnachten 1961

Oma ist endlich wieder aus dem Krankenhaus "Theresienhof" zurück, und die Kinder freuen sich. Nun hat sie nur noch eine Niere und muß ihre Trink- und Eßgewohnheiten etwas ändern. Wolfram forderte seine Oma vor der Operation auf, sie solle den Doktor beauftragen, sie wieder "jung" zu operieren, dann würde er sie später auch noch heiraten.

Lola und mich will er ja seit eh und je mal ehelichen. Ich mußte ihm allerdings versprechen, mich immer mit besonders guter Seife zu waschen, damit ich auch schön frisch bliebe!

Die Zwillinge hören im Kindergottesdienst vieles, was sie nicht erfassen, und legen es anschließend natürlich auf ihre eigene Art aus. Heute kamen sie heim, und Tina erzählte, der Pastor habe gesagt: "Macht dem alten Herrn die Wege!"

Als wir das bezweifelten, ereiferte sie sich und behauptete, dann hätte der Pastor eben gemeint: "Ihr sollt dem alten Mann die Wege machen!" Darauf fragte ich sie vorsichtig, ob er nicht vielleicht gesagt hätte: "Bereitet dem Herrn seine Wege!". Sie riß die Augen erstaunt auf und rief: "Ja, genau das hat er gesagt, aber woher weißt <u>du</u> das denn, du warst doch gar nicht dabei!?"

März 1962

Mein Sohn kaufte mir gestern für sein letztes bißchen Geld ein Stück Kuchen. Wie mir von Frau Müller berichtet wurde, gab er sich bei dem Kauf große Mühe und wies ihren Mann, der sie kurz im Laden vertrat, genauestens an: "Onkel Müller, der Kuchen darf keine Hefe haben, weil Mutti es mit der Galle hat, und leg doch eine hübsche Serviette drunter und steck oben so ein Schirmchen drauf, das sieht gut aus!" Frau Müller sagte lächelnd, ihr Mann habe das alles genauso gemacht, obwohl Wolli nur 30 Pfennige besaß, aber er hätte großen Spaß dabei empfunden und es ihr sofort amüsiert erzählt.

Heute konnte ich es nicht vermeiden, Wolfram wegen einer groben Nachlässigkeit zu rügen, daraufhin beschwerte er sich empört: „Und dafür habe ich dir gestern den wunderbaren Kuchen gekauft, daß du jetzt trotzdem so mit mir schimpfst!"

Ach ja, mit Kindern kann man was erleben!!

Hier enden Muttis Aufzeichnungen über unsere Zwillinge, und ich fahre nun wieder mit meinen eigenen Ausführungen fort.

Fortsetzung eigene Erinnerungen

Frühjahr 1958 **Warzenbesprechen**

Auf dem Lande hatten viele Leute damals Warzen an den Händen.

Gunnis Finger waren sehr davon befallen, und unser Hausarzt brannte ihr die Warzen mit Bimsstein aus, was sehr schmerzte und leider auch Narben hinterließ.

Kurz danach bekamen Helmi und ich diese häßlichen Knubbel ebenfalls. Wir wollten aber erst alle anderen Behandlungsmöglichkeiten dagegen ausprobieren, bevor wir uns der gleichen Tortur aussetzten, die Gunni erlitten hatte. Wir versuchten so manches Hausmittel, aber nichts half. Als wir am Ende unserer Weisheit angelangt waren, gab Oma uns einen Geheimtip, von dem wir allerdings überhaupt nichts hielten. Sie empfahl uns nämlich, die Warzen von der alten Tante Riepel besprechen zu lassen.

Helmi und ich spotteten über diesen Vorschlag, weil wir ihn lächerlich fanden. So etwas war für uns der reinste Hokuspokus, und allenfalls für die alten Leute gut.

Mama meinte daraufhin, wir würden doch gar nichts riskieren, und wir könnten ruhig mal auf alte Menschen hören. Na gut, sagten wir uns, warum nicht? Schließlich hatten wir ja wirklich nichts dabei zu verlieren.

Tante Riepel besaß einen kleinen Kiosk, in dem sie hauptsächlich Süßigkeiten und Rauchwaren verkaufte. Eines späten Abends betraten Helmi und ich, wie besprochen, bei Vollmond den Kiosk, ohne ein Wort zu sagen. Uns war von Oma vorher strengstes Stillschweigen auferlegt worden, und wir durften Tante Riepel noch nicht mal grüßen.

Sie hatte zur Beleuchtung in dem winzigen Raum nur eine Kerze angezündet und tat sehr geheimnisvoll.

Sie nahm schweigend unsere Hände in ihre und betrachtete die Warzen eingehend. Dann strich sie mehrmals mit ihren gichtgekrümmten Fingern darüber und murmelte dabei unverständliche Verse.

Danach zählte sie unsere Warzen, schrieb jedem die Zahl auf einen Zettel und forderte uns in Form von Reimen auf, genau so viele Knoten in einen langen, schwarzen Wollfaden zu knüpfen. Nachdem wir damit fertig waren, fuhr sie fort: "Den Faden vergrabt ihr nachher mindestens zehn Zentimeter tief irgendwo auf eurem Familiengrab, und dabei dürft ihr immer noch keinen Ton von euch geben. Stellt euch dann mit dem Rücken zum Mond und tut so, als würdet ihr ihm jede einzelne Warze über die Schulter zuwerfen. Auf dem Heimweg schweigt ihr weiter bis zu eurer Haustür, und hinterher darf keine Menschenseele etwas davon erfahren, sonst hilft der Zauber nicht. Auch mit mir dürft ihr nie mehr darüber reden!"

Mit diesen Anweisungen schob sie uns zur Tür hinaus und riegelte sie sofort von innen ab. Helmi und ich grinsten uns skeptisch an, gingen aber schnurstracks zum Friedhof mit unseren Wollfäden. Obwohl wir uns reichlich albern vorkamen, schafften wir es trotzdem, bei den befohlenen Handlungen nur ein bißchen zu kichern. Zu Hause stellten weder Oma noch Mama irgendwelche Fragen.

Im Laufe der folgenden Wochen konnten wir dann mit ungläubigem Staunen beobachten, daß die Warzen immer kleiner wurden und eines Tages ganz verschwunden waren.

Wir freuten uns natürlich sehr darüber, mochten jedoch immer noch nicht an übernatürliche Kräfte glauben. Oma sagte mal wieder: "Es gibt Dinge zwischen Himmel und Erde, von denen Normalsterbliche keine Ahnung haben - und das ist doch wohl ein Beweis dafür!"

Uns war letztendlich total egal, ob das stimmte oder nicht. Wir betrachteten nur erleichtert unsere glatten Hände, wenn auch mit etwas gemischten Gefühlen. Nach dieser Geschichte bedauerte Gunni ihre Narben an den Fingern verständlicherweise noch mehr.

Ich glaube, Mama brachte Tante Riepel später einen selbstgebackenen Kuchen, vermutlich ohne ein einziges Wort dabei zu verlieren.

Herbst '58 **Ungläubiger Thomas**

Helmi und ich mußten schon längere Zeit regelmäßig zum Konfirmandenunterricht, der manchmal auch von Fräulein Rothenburg erteilt wurde. Sie beklagte sich oft, daß keiner von uns richtig mitarbeiten würde, also tat <u>ich</u> ihr den Gefallen. Ich fragte sie, wieso Kain ausziehen konnte, sich irgendwo eine Frau zu suchen, wenn seine Eltern die ersten von Gott geschaffenen Menschen überhaupt waren?!

Zu ihrem großen Leidwesen bezweifelte ich weiterhin die Sache von der unbefleckten Empfängnis und dem Fegefeuer und erklärte ihr, daß ich zu vieles in der Bibel für ein Märchen hielte.

Die Arme reagierte daraufhin recht verunsichert und holte Pastor Aschermann, der den Unterricht dann fortsetzte. Er erinnerte uns alle an den Spruch: "Selig sind die, die nicht sehen und doch glauben." Als er bemerkte, daß ich den Kopf schüttelte, mußten wir die Bibelseite aufschlagen, auf der die Geschichte vom ungläubigen Thomas stand.

Zu Hause erzählte ich Mama und Oma davon, und Oma riet mir ärgerlich, mich gefälligst zurückzuhalten, sonst würde sich der Pastor möglicherweise weigern, mich zu konfirmieren, und diese Schande wolle sie nicht erleben.

Nachtragen möchte ich, daß Pastor Aschermann seinen "ungläubigen Thomas" sieben Jahre später trotzdem traute.

Januar 1959 **Unfreiwilliges Bad**

Oma Frieda ging mal im Winter mit Tina spazieren, die sie in unserem Schlitten mit hoher Rückenlehne bequem und warm eingepackt hatte. Unterwegs zog Oma den Schlitten über eine schmale Brücke, die wir nur "Schaukelbrücke" nannten, da sie stark wippte.

Die Kufen des Rodels verkeilten sich unglücklicherweise in den Ritzen der Holzbohlen und Tina stürzte kopfüber in das eiskalte Flüßchen Grane.

In dem Moment kamen gerade einige Hüttenarbeiter von der Schicht und hörten Omas verzweifelte Schreie. Sie liefen schnell am Ufer entlang und fischten Tina aus dem Wasser, die wahrscheinlich so geschockt war, daß sie ganz vergaß zu brüllen.

Oma war natürlich total außer sich und heilfroh, als ihr Tina wieder übergeben wurde, und rannte mit "fliegenden Fahnen" in das nächste Haus. Dort wohnte eine Sangesschwester von ihr, und gemeinsam pulten sie Tina aus der nassen Kleidung. Dann wickelten sie sie in eine große Sofadecke und setzten sie vor den warmen Ofen. Nachdem Oma sämtliche Sachen zum Trocknen aufgehängt hatte, kochte Tante Illmann auf den Schock erstmal eine gute Tasse Kaffee. Tina bekam warme Milch und einen "Back", und auf dem späteren Nachhauseweg soll sie laut vor sich hingesungen haben.

Manchmal verzog sich Tina in eine ungestörte Ecke, um dort stillvergnügt am Daumen zu lutschen, und in der anderen Hand hielt sie dabei ihr sogenanntes "Mummeltuch". Das mußte ein möglichst glattes, seidiges Tuch sein, und daran fummelte und rieb sie gleichzeitig unentwegt herum. Als sie älter wurde, sollte sie sich diese Vorliebe abgewöhnen, weil wir befürchteten, daß sie vom häufigen Daumenlutschen vorstehende Zähne bekäme.

Sie machte es aber trotzdem noch lange Zeit heimlich weiter, und Mama wusch die "Mummeltücher" ab und zu kommentarlos mit durch. Heutzutage würde man vermutlich bei Sigmund Freud oder in irgendeinem anderen schlauen Buch nachschlagen, um den Grund für diese spezielle Marotte zu finden; ich glaube jedoch, sie genoß diese ruhigen Minuten einfach nur.

Trotzdem haftet noch heute etwas bestens in meinem Gedächtnis, denn Mutter war regelrecht erschüttert über das kleine Vorkommnis und erzählte es betroffen allen Familienmitgliedern. Sie hatte oben an der Treppe leise Geräusche gehört, nahm an, daß es Wolfram war und rief: "Bist du das, mein Sohn?" Es war aber Tina, die ihren Mittagsschlaf beendet hatte, und sie antwortete: "Nee, das is nur die Tina!"

Mutti war dermaßen bestürzt über diese Worte, daß sie tagelang unglücklich und bedrückt herumlief und Tina bei vielen Gelegenheiten spürbar vorzog und sich ihr besonders liebevoll widmete.

September '59

Mutti fiel eines Tages auf, daß der Hosenlatz an Wolframs Lederhose falsch zugeknöpft war, und wollte den schrägen Zustand beheben. Dabei bemerkte sie in der Hose einen Widerstand und schaute vorsichtshalber nach.

Verdutzt sah sie, daß ihr erfindungsreicher Sohn eine kleine Wäscheklammer vorne an seinem Glied irgendwie angebracht hatte, weil er nicht wollte, daß der "blöde Pullermann", wie er sich ausdrückte, immer wieder so drauflosstrullerte!

Er schämte sich vermutlich auch, daß Tina <u>das</u> schon lange nicht mehr passierte, und fragte Mama, ob <u>sie</u> vielleicht 'ne bessere Idee hätte, denn <u>der</u> würde <u>ihm</u> einfach nicht gehorchen!

Oktober '59

Tina und Wolfram sollten mal schnell für Mutti um die Ecke zu Riekes laufen, weil ihr für die Zubereitung des Mittagessens Curry fehlte. Sie erklärte ihrem Pärchen vorher, Curry sei ein Gewürz und in kleinen Tütchen verpackt.

Im Geschäft angekommen, hatten sie längst wieder vergessen, wie das komische Gewürz hieß. Alle Angestellten wollten nun helfen und nannten ihnen abwechselnd zahlreiche Gewürznamen, aber es fiel ihnen trotzdem nicht wieder ein.

Die Zwillinge sollen dem Personal daraufhin vorgeschlagen haben, doch mal alles, was in kleinen Tüten verkauft würde, aufzusagen, vielleicht kämen sie dann ja auf den bekloppten Namen von dem doofen Gewürz!

Frühjahr 1960 **Glockenspiel**

Unser Garten grenzte mit etwa 20 Metern an den Gemüsegarten der katholischen Kirche, und Tina und Wolfram schlüpften gerne durch eine Lücke im Lattenzaun, um auf dem großen Gelände der Kirche zu spielen. Der Pfarrer und seine Wirtschafterin tolerierten das weitgehend und ließen es sogar zu, wenn sie dem Innenraum der Kirche einen Besuch abstatteten, obwohl wir nicht ihrer Glaubensgemeinschaft angehörten. Eines Tages schlugen die beiden jedoch im wahrsten Sinne des Wortes entschieden "über die Stränge".

Sie hatten sich heimlich an den Glockenturm geschlichen und läuteten aus Übermut die beiden kleinen Glocken mit dem Seilzug circa eine Minute lang, und dies Gebimmel rief nun mitten in der Woche zur Kaffeezeit die Gläubigen zum Gottesdienst auf.

Bevor die Haushälterin des Pfarrers einschreiten konnte, war der Spuk schon vorbei, denn sie liefen danach schnell weg und versteckten sich hinter einer hohen Hecke.

Einige Leute sollen sich doch ein bißchen gewundert haben, aber dabei blieb es auch.

Als meine Mutter dahinterkam, hielt sie beiden eine lange "Predigt" und schickte sie zum Pfarrer, um sich zu entschuldigen und ihm zu versprechen, so etwas nicht zu wiederholen.

Zwei Tage später passierte dann jedoch schon wieder ein anderes Malheur.

Die Zwillinge spielten mit einigen Kindern am Mühlenbach, der recht viel Wasser führte. Wolfram war auf einen Baum geklettert, der direkt am Ufer stand, und turnte auf ihm herum. Plötzlich verlor er das Gleichgewicht und segelte kopfüber in den tiefen Bach, der zu der Zeit eine nicht zu unterschätzende Strömung hatte. Eine größere Spielkameradin sprang sofort todesmutig in voller Montur hinterher und zog ihn wie einen nassen Hund an seinen Hosenträgern an Land. Die ganze Truppe lieferte den unfreiwilligen Schwimmer umgehend bei unserer Mutter ab, und das ältere Mädchen lief ebenfalls schnell nach Hause zum Umziehen. Die Schuhe und die Lederhose brauchten nach solchen Vorkommnissen immer die längste Zeit zum Trocknen, und meine Mutter lud Wolframs "Retterin" abends zu uns zum Eisschlecken ein.

Juli 1960 **Ersatzkinder**

Onkel und Tante Timpe waren bekanntlich unsere Lieblingsnachbarn, und da sie ja selbst keine Kinder hatten, behandelten sie uns fast wie ihre Ersatzkinder. Viele Jahre war ich als Jüngste ihre klare Favoritin gewesen. Als ich jedoch älter wurde und Tina und Wolfram nachrückten, verlagerte sich so manche Zuwendung mehr auf die Kleinen.

Wenn Onkel Timpe abends in die Garage fahren wollte, liefen Tina und Wolfram sehr beflissen hinüber und öffneten ihm das doppelflügelige Hoftor, da er ihnen für ihre Hilfe jedesmal Süßigkeiten schenkte.

In den ersten Schuljahren legten sie ihm dann genauso regelmäßig ihre Zeugnisse zur Begutachtung vor, wie ich das jahrelang getan hatte. Er sagte immer: "Her mit den Giftzetteln! - Na, das sieht ja gar nicht so übel aus!" Er studierte sie eingehend und lobte oder kritisierte die Noten mit den Hinweisen: "Das da ist gut, aber da muß es besser werden!", und am Schluß erhielt jedes Kind eine kleine Belohnung. Die wurde genau ausgerechnet, denn für jede Zensur gab's einen anderen Groschenbetrag.

Die Zwillinge mußten ihm oft seine spezielle Zigarettenmarke besorgen, und der Auftrag hatte fast immer den gleichen Wortlaut: "Hier habt ihr Geld, holt mir meine 'Rauche', und für den Rest könnt ihr euch Bonbons mitbringen!"

Ich erinnere mich, einmal direkt ein bißchen eifersüchtig gewesen zu sein, als Tina mal sagte, Onkel Timpe sei ihr Onkel und ihr Freund. Ich war zwar komplett ausgelastet mit Schule und zahlreichen anderen Verpflichtungen, hatte weder Interesse noch Zeit, ständig bei Timpes rumzuhocken, aber Tinas Behauptung störte mich trotzdem irgendwie.

Also stutzte ich sie umgehend zurecht: "Ihr seid noch gar nicht geboren gewesen, da war Onkel Timpe schon mein Freund, damit das klar ist!"

Hier schaltete sich Wolfram ein: "Das kann ja sein, aber er hat vor kurzem gesagt, jetzt wärest du schon zu groß und krähst wohl auch nich mehr nach ihm!"

Ich weiß noch genau, daß ich pikiert antwortete: "Ach ja? Dann bestell ihm mal, wenn ich ihm zu groß werde, wird er mir langsam zu dick!"

September '60

Eines Tages saß ich in meiner Klasse und hatte Chemieunterricht.

Wir arbeiteten gerade alle recht konzentriert mit, weil Herr Steinhoff uns etwas erklärte. Plötzlich ging die Tür auf, obwohl niemand ein Klopfen gehört hatte, und eine zaghafte Kinderstimme sagte in die Stille des Klassenraumes hinein: "Karola, du hast dein Brot vergessen!"

Überrascht drehten sich alle um und wollten natürlich wissen, wer es wagte, einfach so mitten in die Schulstunde reinzuplatzen.

Es war meine kleine Schwester. Sie stand an der Tür, hatte ein Kleid mit Schürzchen an und hielt verlegen einen Beutel in die Höhe.

Bevor ich überhaupt reagieren konnte, prusteten meine Mitschüler laut los und genossen die Situation mit ausgiebigem Gelächter.

Tina senkte ihren Lockenkopf und kämpfte offensichtlich mit aufsteigenden Tränen. Ich ging schnell zu ihr, bedankte mich für mein Pausenbrot und sagte: "Tina, man muß aber erst anklopfen!"

Herr Steinhoff bemerkte, wie betroffen sie war, daß alle sie auslachten, und zeigte Mitleid. Er gebot energisch Ruhe und unterhielt sich ein bißchen mit ihr, um sie abzulenken. Dann suchte er seine Anzugtaschen ab, weil er ihr zum Trost etwas schenken wollte, fand eine gelbe Plastikzitrone und überreichte sie Tina mit den Worten: "Ist alles in Ordnung, Kleine, möchtest du die Zitrone haben?" Sie nickte nur, nahm die Zitrone, drehte sich um und wollte gehen, da rief ich noch rasch hinter ihr her: "Paß auf dich auf, wenn du jetzt nach Hause gehst!"

Noch heute frage ich mich, wie sie es überhaupt schaffen konnte, in diesem großen Gebäude in der oberen Etage das richtige Klassenzimmer zu finden.

Tina erinnert sich übrigens genauestens an diesen Vorfall und an Herrn Steinhoffs milde Gabe. Sie hat die Zitrone viele Jahre aufbewahrt und Herrn Steinhoff immer sehr verehrt.

Oktober '60

Onkel Timpe konnte es sich als Maurermeister leisten, sein Brennholz nicht selbst zu hacken und beauftragte nach Feierabend einen Gesellen damit.

Tina und Wolfram gingen zu ihm und fragten ihn, wie er denn hieße. Er antwortete wahrheitsgetreu: "Ich heiße Anders!"

Die beiden guckten ihn mißtrauisch an, weil sie sich "verkohlt" fühlten. Wolfram fragte nochmals: "Wie heißt du? Du willst uns wohl auf den Arm nehmen?" "Nein, ich heiße Anders", kam die Antwort erneut kurz angebunden. Jetzt holte Tina tief Luft und fauchte ihn empört an: "Wenn de dich über uns lustig machen willst, haste Pech gehabt, wir hätten dir sonst vielleicht'n bißchen geholfen, aber so! ... Komm, Brüdi, wir hauen hier ab!"

Also stapften sie eingeschnappt davon, und Wolfram drehte sich noch mal um und zeigte Herrn Anders einen "Vogel".

Am nächsten Tag schlossen sie jedoch wieder Frieden mit ihm, weil sie inzwischen erfahren hatten, daß er wirklich so hieß.

November 1960 **Kochkünste**

Unsere Mutter ist eigentlich stets in Eile, weil sie neben ihren vielen Hausfrauenarbeiten noch diverse andere Aufgaben übernommen hat. Ohne Oma könnte sie das alles unmöglich "unter einen Hut bringen". Die ist sowieso der Meinung, daß zumindest ein Erwachsener immer zu Hause sein sollte, man könne schließlich Haus und Hof und die ganze Brut nicht so oft alleine lassen. Wenn beide mal gleichzeitig etwas vorhaben, verzichtet Oma zugunsten von Mama auf ihren Ausgang und hält daheim die "Stellung".

Wir Großen sind froh darüber, denn wir haben genug eigene Pflichten und Interessen wie Schulaufgaben, Konfirmandenunterricht oder Sport und außerdem keine Lust dazu, dauernd auf die Zwillinge aufzupassen. In letzter Zeit zitiert uns Mama darüberhinaus leider immer öfter in die Küche, da wir das Kochen erlernen sollen.

Eines Tages hat sie mal wieder etwas zu erledigen, obwohl Oma ebenfalls nicht da ist. Sie erteilt Helmi und mir auf die Schnelle beiläufig noch den Auftrag, das Huhn aufzusetzen, das in der Speisekammer liegt, schnappt sich ihr Fahrrad und strampelt davon.

Oh Mann, ewig diese Aufträge!

Helmi holt murrend das Huhn, und ich nehme einen großen Kochtopf aus dem Schrank. Wir sind uns immerhin einig, daß ein Huhn in Wasser gekocht wird, überlegen aber, ob das Wasser kochend oder kalt sein muß.

Wir entscheiden uns für die goldene Mitte, zünden eine Gasflamme an und erhitzen das Wasser bis zu mittlerer Wärme. Als wir das Huhn dann reinlegen wollen, merken wir, daß wir zuviel Wasser im Topf haben und schöpfen mehrere Kellen wieder ab.

Nun stimmt alles, nur noch den Deckel drauf, die Flamme vorsichtshalber auf kleine Einstellung, und fertig. Wir fragen uns zwar, wielange ein Huhn ungefähr braucht, um gar zu sein, hoffen jedoch auf Mamas oder Omas baldige Rückkehr. Bei den Schularbeiten verschwenden wir dann an das Huhn keinen Gedanken mehr.

Etwa zwanzig Minuten später hören Helmi und ich aus der Küche einen entsetzten Aufschrei: "Das darf doch nicht wahr sein! Das schlägt dem Faß den Boden aus!"

Darauf folgt lautes Topfdeckelgeklapper, und schon reißt Mama unsere Zimmertür auf.

Wir erkennen mit einem Blick, daß sie unheimlich in Rage ist, denn ihr Gesicht ist vor Ärger gerötet und die Augen schießen böse funkelnde Blitze ab.

Sie schimpft sofort wütend los: "Was habt ihr denn da bloß wieder verzapft?! Für so dämlich habe ich euch eigentlich nicht mehr gehalten! Ich frage mich, wozu ich euch damals so genau gezeigt habe, wie Geflügel ausgenommen wird? Ihr habt es doch tatsächlich fertiggebracht, das Huhn mit sämtlichen Innereien aufzusetzen! Habt ihr das denn gar nicht bemerkt? Oh, ich könnte vor Zorn zerspringen! Und wie gründlich habe ich euch das damals mit der Gallenblase erklärt! Jetzt kann ich es direkt wegschmeißen! Das ziehe ich euch von eurem bißchen Taschengeld ab! Und ihr Unfähigen wollt mal Hausfrauen werden, dabei seid ihr zu nichts zu gebrauchen, und eure Ehemänner könnte man heute schon bedauern!"

Bei den letzten Worten will sie gerade wieder hinausstürmen, dreht sich jedoch nochmals um und ruft: "Ach, ich könnte glatt aus der Haut fahren!", und dann knallt sie die Tür hinter sich zu.

Helmi und ich sind sprachlos. Wir stützen unsere Köpfe auf den Tisch, schauen uns stöhnend an und verdrehen die Augen. Manometer! Was war denn das?

Das war ja die reinste Explosion! <u>So</u> aufgebracht haben wir unsere Mutter aber schon lange nicht mehr erlebt! Jemine, war das ein Ausbruch!

Wir fühlen uns im wahrsten Sinne des Wortes wie zusammengestaucht, regelrecht platt und mattgesetzt.

Ich brauche ein paar Minuten, um mich von diesem Donnerwetter zu erholen.

Dann arbeitet mein Verstand wieder, und ich spüre, wie heiße Opposition in mir aufsteigt. Deshalb laufe ich in die Küche, weil Angriff die bessere Verteidigung ist.

Mutti hantiert noch mit dem blöden Huhn herum, und ich sage erregt zu ihr: "Du bist selber schuld, du hättest uns das genauer erklären müssen! Wie kommst du eigentlich darauf, daß wir schon alleine ein Huhn ausnehmen können? Das ist direkt vermessen von dir und außerdem eine Zumutung! Nur weil du uns das einmal vor langer Zeit gezeigt hast?

Sind wir hier vielleicht für den Haushalt zuständig? Immer müssen wir irgendwas tun, und schließlich haben wir genug Schulaufgaben zu machen! Oma wäre nie auf die Idee gekommen, sowas von uns zu verlangen! So, und das war jetzt unsere Meinung!"

Mama betrachtet mich derweil mit zusammengekniffenen Lippen, reckt ihr Kinn aggressiv in die Höhe und erwidert streng: "Ist gut, Schluß jetzt, ich hab's vernommen, und nun verzieh dich!"

Ich stapfe davon, um auf diese Art noch mal meine Widerborstigkeit auszudrücken und frage Helmi, ob sie alles mitgekriegt habe. Helmi holt tief Luft und nickt, und dann bricht es jäh aus ihr heraus: "Was für ein Aufstand für so'n doofes Huhn!"

Ich glaube, irgendwas von dem Hühnerfleisch konnte Mutter doch noch retten, denn abends gab es einen Geflügelsalat zu essen, und keiner hat mehr ein Wort darüber verloren.

Juli 1961 **"Hei hat se nich alle!"**

Fast in jedem Ort gab es früher einen Dorftrottel, und bei uns war das Walter Rinke, der von allen nur "Walter" gerufen wurde. Er lebte mit seiner blinden Mutter im "Armenhaus" unserer Stadt, war damals etwa Mitte Dreißig und besaß die geistigen Fähigkeiten eines Fünfjährigen.

Er hatte zwar nicht "alle Tassen im Schrank", war sonst jedoch vollkommen harmlos und auf seine spezielle Art sogar liebenswert.

Beim alljährlichen Schützenumzug geriet Walter direkt in Ekstase und genoß seinen großen Auftritt. Er war immer hin und weg von der Marschmusik, stolzierte als Anführer noch vor dem Kapellmeister herum und schwang seinen Stock taktangebend hoch über dem Kopf. Wenn ihn zu große Freude übermannte, biß er sich stets vergnügt in die rechte Hand.

Die Kinder neckten ihn schon mal und hänselten: "Walter, isses wahr, daß bei dir 'ne Schraube locker is?" Er wurde jedoch nie ärgerlich und antwortete auf so etwas gutmütig: "Jo, un hei hat se nich alle!" Wenn die Kinder dann lachten, freute er sich mit ihnen und biß wieder belustigt in seine Hand.

Meistens stand er an einer bestimmten Straßenecke im Ort und beobachtete die Leute, und keiner behandelte ihn jemals gemein. Die Besitzerin des Kinos ließ ihn oft umsonst rein. Dann saß er in der ersten Reihe, ritt begeistert bei den Wildwestfilmen mit und fühlte sich als Cowboy oder Zorro der Rächer persönlich.

Alle Geschäftsleute und Kioskbesitzer steckten ihm häufig was zu, und auch unser Vater schenkte ihm manchmal 'ne Mark für 'ne Zigarre.

Einmal sah er Tina, die auf dem anderen Bürgersteig ging. Er zeigte energisch mit seinem Stock auf sie und empfahl ihr: „Nix wie ab nach Hause! Der Alte is schon durch!", und damit meinte er natürlich Papa, der gerade mit dem Fahrrad an ihm vorbeigefahren war.

August 1961 **Freie Geschöpfe**

Wir hatten immer Hauskatzen und erlebten mehrere Katzengenerationen, die Minka, Munki oder Lizzy hießen, und sie sollten uns natürlich die Mäuse wegfangen. Nun weiß wohl jeder, daß Katzen nicht zu zähmen sind, sie kommen und gehen, wann sie wollen.

Unsere Katzendamen kamen manchmal arg zerzaust und zerbissen nach Hause. Dann bedachten wir Kinder sie mit einem besonderen "Leckerchen" oder einer Extraschüssel Milch. Zum Dank dafür spendeten sie uns schon mal eine tote Maus, die sie vor unserer Hoftür ablegten.

Wenn sie Nachwuchs hatten, waren wir "ganz aus dem Häuschen" und streichelten die winzigen, noch blinden "Miezen" mit zärtlicher Hingabe. Manchmal war die Alte jedoch mucksch und wollte uns die Jungen nicht überlassen. Dann fauchte und kratzte sie und machte einen "Katzenbuckel". Es passierte oft, daß sie in einem Jahr sogar zwei Würfe hatte, und irgendwann hörten wir Oma Frieda mal mit ihr schimpfen: "Pfui, schäme dich! Du bist mich vielleicht eine! Kriegst jedes Jahr gleich zweimal Kinder! Kommst mich bald vor wie 'ne zweite Evi Siemens!" Dazu muß man wissen, daß Evi Siemens eine stadtbekannte Streunerin war, die fast jedes Jahr ein Kind und diese meistens von verschiedenen Vätern bekam.

Seit Omas Standpauke hieß unsere Katze nun "Evi".

Es gab auch noch einen Kater namens "Stummel" in der Nachbarschaft. Der erhielt diesen Namen, weil er leider nur noch einen kurzen, gekappten Schwanz besaß. Eines Tages hockte er in der Spitze eines hohen Kirschbaumes, miaute kläglich und tat so, als käme er alleine nicht wieder herunter.

Papa konnte das Katzengejammer nicht mehr ertragen und kletterte ihm nach, um zu helfen. "Stummel" hakelte jedoch abwehrend und sprang Papa plötzlich mit einem Riesensatz gegen die Brust, so daß er vor Schreck beinahe von der Leiter fiel. Der Kater hatte sich aber elegant abgefangen, stolzierte mit grazil erhobenem Schwanz gelassen davon und ließ unseren geblufften Vater auf seiner wackelnden Leiter völlig unbeachtet zurück.

Ende 1961 **Alles nur Liebesdienste oder zum Dienen geboren?**

Meine Oma machte öfter eine Bemerkung, die mich jedesmal schlagartig "auf die Palme" brachte. Wenn wir uns mal beschwerten über die viele Arbeit, die unentwegt anfiel, sagte sie belehrend: "Eine Frau muß dienen können!"

Ich glaube, ich war noch keine zehn Jahre alt, ging aber sofort bei ihren Worten in Opposition und fragte entrüstet: "Wo steht denn das geschrieben?"

Je älter ich wurde, desto ärgerlicher reagierte ich auf diesen Ausspruch. Jedesmal fühlte ich die Empörung richtig in mir hochschießen.

"Ja, arbeiten von morgens bis abends, Kinder, Mann und Vieh versorgen, möglichst jedes Jahr ein neues Kind in die Welt setzen und nur reden dürfen, wenn man gefragt wird! Ach, und Gott nicht vergessen, dem muß man natürlich ebenfalls dienen, und zum Schluß darf man ihm dann richtig dankbar sein für so ein herrliches Leben!" höhnte ich.

Oh, wie konnte ich mich immer wieder aufregen bei diesem Thema!

Ich hatte absolut nichts dagegen, meinen Pflichten verantwortungsbewußt nachzukommen, und heute ist mir sowieso klar, daß jeder Mensch bestrebt sein sollte, seinen Platz im

Leben auszufüllen, aber wahrscheinlich hat mich die Bezeichnung "dienen" so gereizt. Deshalb fuhr ich rebellisch fort: "Auf so ein Leben kann ich verzichten, und wenn ich vorher wüßte, daß es für mich so endete, würde ich lieber alleine bleiben und nie heiraten!"

Oma erwiderte darauf: "Ich habe mein ganzes Leben lang hart gearbeitet, und hat es mir vielleicht geschadet? Ich werde uralt, warte man ab! Weißt du dummes Ding denn nicht, daß wir Frauen es sind, die alles zusammenhalten? Darüber mach dir man mal Gedanken! Ist es nicht schön, in einer großen Familie leben zu können? Ich habe ein Kind wieder hergeben müssen, und das war schlimmer, als es zu kriegen. Na warte, laß man erstmal den 'Richtigen' kommen, dann änderst du dumme Suttche deine Meinung noch!"

Pff - darauf zuckte ich nur schnippisch mit der Schulter.

"Da kommste auch noch hin!" war ebenfalls eine häufige Äußerung von Oma (... und zwar schneller als ich dachte, ergänze ich heute in Gedanken).

Eine Sache ist bei uns Geschwistern auf jeden Fall anders gelaufen. Von uns fünf Kindern haben vier jeweils nur <u>ein</u> Kind, nur eine Schwester hat es zu zwei Kindern gebracht.

Wenn <u>das</u> nicht tief blicken läßt ...

Zum Thema "Dienen" fällt mir mit fast schlechtem Gewissen noch etwas anderes ein.

Oma hatte als junge Frau jahrelang ihre bettlägerige Schwiegermutter versorgt. Sie war trotz der vielen Arbeit nebenbei auch aktives Mitglied beim Roten Kreuz. Sie half oft dabei, alte Leute zu pflegen, und hielt gelegentlich sogar Nachtwachen!

Früher gab es sowieso viel mehr Hilfsbereitschaft untereinander. Die Nächstenliebe wurde im wahrsten Sinne des Wortes praktiziert, und der Dienst am Nächsten war selbstverständlich und immer unentgeltlich.

Oma Frieda in ihrer Rote-Kreuz-Tracht

Oma war zwar nie ausgeprägt religiös, glaubte aber fest daran, daß man in den Himmel kam, wenn man Gutes tat. Vielleicht hockt sie ja da oben und staunt über den heutigen Sozialstaat, die zahlreichen Altenheime und die exakt spezifizierten Pflegestufen.

Meine Mutter hat ihre außergewöhnliche Hilfsbereitschaft ebenfalls mal unter Beweis gestellt. Sie wurde im Kriegsjahr 1943 vom Roten Kreuz gefragt, ob sie einer fremden Frau mit Muttermilch aushelfen könne. Die Frau hatte überhaupt keine eigene Milch für ihr Neugeborenes, und das war sowieso schon krank. Da es damals noch keine gute Ersatznahrung zu kaufen gab, waren die Überlebenschancen des Kindes sehr gering. Meine Mutti willigte sofort ein und stillte das Baby als Amme drei Monate lang dreimal täglich zusätzlich zu ihrem eigenen Säugling.

Helmi hat also einen sogenannten "Milchbruder", und Mama bekam dafür als Dank eine Flasche Malzbier am Tag und gelegentlich ein Ei.

Der kleine Junge wurde gesund und gedieh prächtig, und kurz danach zog das Ehepaar in eine andere Stadt. Meine Mutter hat nie mehr irgend etwas von ihnen gehört, aber sie mußte oft an ihren kleinen "Ziehsohn" denken.

Frühjahr 1962 **Andere Zeiten**

Nachdem der Fernseher bei uns Einzug gehalten hatte, war es vorbei mit den abendlichen Radio-Hörspielen, Musiksendungen und gemeinsamen Unterhaltungen. Wir verfügten anfangs zwar nur über zwei Programme, aber irgendwas lief da ja auch immer. Tina und Wolfram sahen sich schon nachmittags manchmal die Kindersendungen an, und abends hatte Oma bei der Auswahl des Programms ein gewichtiges Wörtchen mitzureden.

Ich entsinne mich an einen Samstagabend, als "Lysistrata" gezeigt wurde. Heutzutage wäre die damalige Fassung geradezu harmlos für Jugendliche, aber Helmi und ich wurden, obwohl bereits 17 und 18 Jahre alt, von Oma in unser Zimmer geschickt. Und das Ganze nur deshalb, weil in dem Stück die Rede davon war, daß sich die Frauen ihren Männern verweigern wollten, um auf diese Weise einen Krieg zu verhindern! Dieses peinliche Thema schickte sich halt nicht für junge Mädchen, denn die Moralvorstellungen waren hoch angesetzt. Damals galt übrigens auch noch der "Kuppel-Paragraph", und eine Tochter mit unehelichem Kind brachte Schande über die Familie.

Trotz der Strenge und Prüderie kamen in unserer Jugendzeit sehr viele Muß-Ehen zustande, weil es wenig Verhütungsmöglichkeiten gab und fast alle jungen Menschen ungenügend aufgeklärt waren.

Wer unter 21 heiraten wollte, brauchte die schriftliche Erlaubnis der Eltern. Man erreichte die Volljährigkeit ja erst mit 21, obwohl die meisten Jugendlichen viel früher eigenes Geld verdienten, wenn auch entschieden weniger als heute.

Nur betuchte Familien konnten es sich leisten, ihre Kinder studieren zu lassen.

Mittlerweile ist man zwar bereits mit 18 volljährig, benötigt durch die langen Ausbildungszeiten die Hilfe der Eltern bis zur wirklichen Selbständigkeit jedoch oft bis zum 30.Lebensjahr.

Ich glaube, über diese Themen könnte man stundenlang diskutieren.

Herbst 1962 **Pantoffelkino**

Im Oktober 1962 bezog ein alter Herr, der ausgesprochen kinderlieb war, zwei Zimmer in unserem Haus. Es dauerte nicht lange, bis er beinahe Familienanschluß hatte, und Mama kochte oft eine Mahlzeit für ihn mit. Wenn er sich überschwenglich dafür bedankte, antwortete sie: "Auf eine Person mehr oder weniger kommt es bei uns nicht an!"

Nach kurzer Zeit nannten wir ihn auf seinen Wunsch hin alle "Opa Hübner", und abends bat Oma ihn einfach zu uns zum Fernsehen runter, ohne vorher das Einverständnis meiner Eltern einzuholen!

Es ging manchmal so weit, daß meine Eltern den beiden Alten zuliebe auf ihre geplante Sendung verzichteten!

Dazu kam noch, daß Oma und "Opa Hübner" beide etwas schwerhörig waren, sie auf dem linken, er auf dem rechten Ohr, darum forderte Oma meistens: "Macht man mal 'nen 'Tuck' lauter, die tustern immer so!"

Oma wäre mit Sicherheit schwer beleidigt gewesen, wenn sich meine Eltern dieses ausgeprägt soziale Verhalten verbeten hätten, denn wir waren ihrer Meinung nach nun mal eine Großfamilie - einer war stets für den anderen da - wir gehörten zusammen, und damit basta!

Später schaffte sie sich dann trotzdem zum Wohle der Familienharmonie einen eigenen, kleinen Fernseher an, und davor saß sie jeden Abend mit "Opa Hübner" in trauter Zweisamkeit und beriet sich mit ihm schon während des Krimis, wer gleich wen "totmachen" würde!...

Unsere Eltern – stets in Aktion

Mein Vater hatte bald nach seiner Rückkehr aus der Gefangenschaft einen Ortsverband der Heimkehrer gegründet, dem sich 160 ehemalige Kriegskameraden anschlossen. Als 1.Vorsitzender engagierte er sich bis zu seinem Tod im Jahre 1985 stark für alle Probleme der Mitglieder. Viele hatten Haus und Hof, die Heimat und oft auch noch die Familie verloren.

Nun mußten Wohnraum und Arbeitsplätze gefunden und Versorgungsanträge gestellt werden.

Da Vater bei der Stadtverwaltung angestellt war, konnte er sich dort vor Ort gezielt für diese Belange einsetzen.

Er erreichte zum Beispiel beim Stadtrat, daß den Heimkehrern billiges Bauland zur Verfügung gestellt und öffentliche Darlehen gewährt wurden.

Auf diese Weise entstand in unserem Ort eine sogenannte Heimkehrersiedlung, und Papa war ihr Initiator.

Seine eigene ehemalige Lagerkameradschaft lag ihm natürlich besonders am Herzen. Er organisierte zusammen mit Mutti regelmäßige Treffen aller Kameraden und ihrer Partnerinnen, die dafür aus ganz Deutschland anreisten.

Diese Männer hatten als Soldaten gemeinsam Schreckliches erlebt, und die Erhaltung der Kontakte untereinander war ihnen sehr wichtig.

Mutti unterstützte Papa dabei, die Zusammenkünfte zu ermöglichen, denn die Planung vorher erforderte großen Einsatz. Erst legten sie den Termin und den Treffpunkt fest, dann arbeiteten sie das Programm aus und ließen sich ein geeignetes Lokal reservieren. Danach konnten endlich die Einladungen geschrieben und verschickt werden. Wenn daraufhin die Zusagen eintrafen, waren sie meistens mit der Bitte verbunden, auch ein passendes Logis zu besorgen.

Die Vorbereitungen dauerten jedenfalls immer wochenlang, aber die Freude aller Beteiligten beim Wiedersehen ließ meine Eltern sämtliche Mühen schnell vergessen.

Papa gehörte auch dem Vorstand des Bezirksverbands der Heimkehrer an, und durch seine Zeitungsberichte konnte er die jeweiligen Stadtväter und die Öffentlichkeit auf spezielle Probleme der Zeit aufmerksam machen.

Sein Engagement für den Verband kam von Herzen, geschah aus Überzeugung und der Dankbarkeit, den Krieg als Soldat und Rußlandgefangener überlebt zu haben.

Er war später bereits Ehrenmitglied und Inhaber mehrerer hoher Auszeichnungen sowie Träger der Europamedaille, als ihm 1972 das Bundesverdienstkreuz verliehen wurde.

Unsere Mutter erhielt zwar keine Auszeichnungen für ihre ebenfalls ehrenamtlichen Tätigkeiten, aber sie sind bei dieser Gelegenheit trotzdem erwähnenswert.

Sie arbeitete zum Beispiel mehrere Jahre im Ortsrat der Stadt mit und wurde danach noch als Schöffin an das Landesgericht Braunschweig bestellt.

Wir konnten immer stolz auf unsere sozial eingestellten Eltern sein, und sie lebten uns vor, wie man ein nützliches Mitglied der Gesellschaft werden kann.

Ich persönlich habe übrigens in Verbindung mit Papas beruflichen Kompetenzen bei der Stadt eine seltene, aber schöne Erfahrung gemacht. Er war nämlich zusätzlich auch Standesbeamter und ließ es sich nicht nehmen, mich als seine eigene Tochter höchstpersönlich standesamtlich zu trauen. Jedesmal, wenn ich daran zurückdenke, freue ich mich erneut über diese nette Besonderheit.

Familienfeiern en gros

In einer großen Familie gibt es ständig was zu feiern, von den zahlreichen normalen Geburtstagen mal abgesehen.

Je älter wir Kinder wurden, desto mehr Feste mußten ausgerichtet werden, und Gunnis Konfirmation war der Anfang dieser Familienfeiern "am laufenden Band".

Helmis Konfirmation wäre bereits im Jahr darauf fällig gewesen, aber meine Eltern beschlossen, mal ein Jahr zu pausieren und Helmi erst 1959 zusammen mit mir konfirmieren zu lassen, und wir hatten auch gar nichts dagegen.

Die darauffolgenden Jahre könnte man als "Ruhe vor dem Sturm" bezeichnen.

Gunni begann den Reigen und verlobte sich 1963 als Erste von uns, und im Jahr danach fand ihre Hochzeit statt.

Helmis Verlobung feierten wir Ostern 1965, und ich zog ganz flott bereits im August damit nach. Oma war im Juli 70 geworden und meinte vorher, auf eine große Party mehr oder weniger käme es nun auch nicht an, und lud sich zu ihrem Jubeltag ein "halb Schock" Gäste ein.

Das Jahr 1966 wies dann den absoluten Rekord an Festivitäten auf. Im März heiratete Helmi, und im Mai trat ich vor den Traualtar, und dazwischen lagen immerhin nur knapp neun Wochen.

Weil meine Eltern schon Ende Juni ihre Silberhochzeit hatten, ließen wir die Bänke, Stühle und langen Tische, inzwischen richtig routiniert, gleich so stehen. Mama sagte, allmählich fühle sie sich wie die Betreiberin einer besseren Gaststätte.

Im Dezember feierte Papa noch einen besonderen Geburtstag, nämlich den fünfzigsten. Den wollte er eigentlich einfach ausfallen lassen, aber Mama und Oma waren sich einig, daß das gar nichts nütze, denn die Gratulanten der Stadt, der Vereine und der Zeitung könnten nicht ausgeladen werden. Auf diese Argumente hin ließ Papa sich umstimmen, und der Empfang an seinem Ehrentag wurde ein voller Erfolg.

Gut zwei Jahre später, im März 69, stand dann die Konfirmation von Tina und Wolfram an, doch mittlerweile war die Familie schon wieder größer, weil die Schwiegersöhne in der Zwischenzeit für Nachwuchs gesorgt hatten. Mutter fand es erfreulich, daß sie zumindest für die Taufen der Enkelkinder nicht mehr zuständig war.

Im August danach vollendete Mama ihren 50.Geburtstag. Sie erklärte aber, daß sie von den ewigen Feten erstmal genug habe, und wünschte sich von Papa eine Reise. Er war sofort damit einverstanden, und sie verbrachten stattdessen einen erholsamen Urlaub an der Ostsee.

1970 feierte Oma ihren 75.Geburtstag dafür ganz groß, und natürlich war der 80., 1975, sowieso ein Anlaß für ein gebührendes Fest.

Papa wurde im Jahr darauf sechzig, und wir hatten bei der Gelegenheit mal wieder "volles Haus", obwohl, wie immer bei Papas Geburtstag, Weihnachten kurz vor der Tür stand.

Als Tina 1979 heiratete, stöhnte meine Mutter hinterher: "Ich dachte mal, irgendwann wird meine Familie ja kleiner und dann geht's ruhiger zu, aber sie wird fortwährend größer, und das ist auch gut so. Da habe ich wohl einen Denkfehler begangen!"

Oma war glücklicherweise 1980 noch in bester Verfassung, um sich an ihrem 85.Geburtstag zu erfreuen, und sie ließ sich deshalb dankbar und stolz von vielen Gratulanten angemessen hochleben.

1981 lud Papa sämtliche Verwandten und viele Freunde zu seinem 65. ein, und diese schöne Feier blieb vorerst die letzte von all den freudigen Ereignissen und Festen, die in unserem Elternhaus stattfanden, denn die Zeit des Abschieds war gekommen.

Familientreffen aus traurigem Anlaß

Im März 1983 verließ uns als Erste Oma Frieda, die mit fast 88 Jahren vollkommen ruhig in Mamas Armen eingeschlafen war.

Leider mußten wir schon Ende 1985 auch von Papa Abschied nehmen.

Mutti war nun untröstlich, wurde nach seinem Tod schwer depressiv und erkrankte an Parkinson. Sie ertrug diesen Verlust und ihre Krankheit dreieinhalb Jahre. Dann entschloß sie sich, Papa freiwillig zu folgen, und das war für uns ein harter Schlag.

Später fanden wir einen Brief von ihr, in dem sie uns nochmals ihre Leiden schilderte, unnötig um Verzeihung bat und sich von jedem mit liebevollen Zeilen verabschiedete.

Wir waren zwar sehr traurig, haben ihre Entscheidung aber immer respektiert und gönnten ihr von Herzen den ersehnten Frieden.

Ich habe oft ganz deutlich das Bild im Kopf, daß Oma Frieda zur Begrüßung da oben zu jedem gesagt hat: "Nanu, was willst du denn schon hier? Du hast woll 'en Wurm?!"

Epilog

Erst wenn man älter ist, begreift man so richtig, was man Eltern und Großeltern alles verdankt. Als Kind weiß man es noch nicht, und als Halbwüchsige will man's gar nicht wissen.

Als Teenager war ich sowieso der Meinung, daß meine Eltern mich schließlich ungefragt in die Welt gesetzt hatten, also waren sie doch logischerweise auch verpflichtet dazu, mich dementsprechend zu versorgen! Warum sollte ich wohl dauernd Dankbarkeit zeigen für etwas, um das ich nicht gebeten hatte?

In späteren Jahren ist dann jeder zu sehr mit sich selbst beschäftigt, hat eine eigene Familie zu betreuen und weder Zeit noch Interesse, sich in solche Gefühlsduseleien tiefer hineinzudenken.

Wenn wir selber mal alt sind, haben wir mit unseren Kindern wahrscheinlich die gleiche Erfahrung gemacht...

Mittlerweile kann ich jedenfalls recht gut ermessen, was vor allem Oma und Mama für uns getan haben. Leider ist es aber zu spät, ihnen nochmals ausdrücklich dafür zu danken.

So ist das Leben – und ich glaube, daran wird sich auch nie etwas ändern.

Danke

Es ist mir ein starkes Bedürfnis, meiner lieben Mutter posthum Danke zu sagen.

Ohne ihre liebevollen Aufzeichnungen über ihre "Rasselbande" wäre diese Ausarbeitung nicht möglich gewesen.

Außerdem bedanke ich mich bei meinen Geschwistern für die Erlaubnis, diese Interna ihres Lebens der Öffentlichkeit preiszugeben.

Ansonsten habe ich viele Personennamen geändert.

Nicht zuletzt verdient es meine jüngste Schwester, an dieser Stelle lobend erwähnt zu werden.

Sie folgte nämlich begeistert meinem Appell, Mutters Tagebuch über die "Zwillingsjahre", das sich in ihrem Besitz befindet, zu bearbeiten, und überließ mir anschließend bereitwillig die gesamten Unterlagen zur freien Verwendung.

Danke, Schwesterchen, ich bin stolz auf Dich! Hatte ich nicht recht, daß dieser Einsatz sinnvoller war, als sich für Hochzeitszeitungen undankbarer Leute "die Nächte um die Ohren zu schlagen"?

Zum Schluß will ich es auf keinen Fall versäumen, mich bei meinem Sohn zu bedanken, der die vielen zum Teil chaotisch abgeänderten Schreibmaschinenzeilen in mühsamer Arbeit für mich sauber in den Computer übertrug.

Inhalt